高等职业院校数字媒体·艺术设计精品课程系列教材

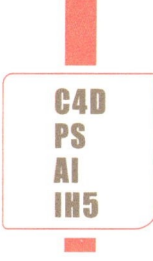

网络广告设计
立体化教程

杨 爽 李冬影 / 主编

电子工业出版社
Publishing House of Electronics Industry
北京·BEIJING

内容简介

本书内容紧跟时代发展，以就业为导向，以网络广告专门化方向的岗位职业技能为依据，培养学生策划、评估网络广告，综合利用各种设计软件、H5 在线设计平台等工具制作移动互联网广告、计算机网络广告，并将广告发布到互联网平台上的能力。让学生在掌握网络广告设计方法和知识技能的同时，具备广告设计相关职业岗位群所需的职业素养、操作技能与技术应用能力。

本书内容是编者多年来对本门课程教学的总结，内容合理，教学目标明确，部分案例来自本校学生大赛获奖作品，通过 Photoshop、Illustrator、Cinema4D 软件及 iH5 在线设计工具等讲授网络广告设计的方法与技巧，参考性及实用性较强。同时配备了丰富实用的教学课件、微课视频等教学资源，结合章节课后训练，有利于师生的教与学。

本书适用于普通高等院校、高等职业院校艺术设计与传媒等专业方向教学使用，可作为视觉传达设计、广告设计等相关专业的教材，也可作为广告专业相关从业人员的参考用书。

未经许可，不得以任何方式复制或抄袭本书之部分或全部内容。

版权所有，侵权必究。

图书在版编目（CIP）数据

网络广告设计立体化教程 / 杨爽，李冬影主编 . —北京：电子工业出版社，2022.5
ISBN 978-7-121-43310-8

Ⅰ . ①网… Ⅱ . ①杨… ②李… Ⅲ . ①网络广告－设计－高等学校－教材 Ⅳ . ① F713.852

中国版本图书馆 CIP 数据核字（2022）第 066152 号

责任编辑：左　雅
印　　刷：北京捷迅佳彩印刷有限公司
装　　订：北京捷迅佳彩印刷有限公司
出版发行：电子工业出版社
　　　　　北京市海淀区万寿路 173 信箱　　邮编：100036
开　　本：787×1 092　1/16　印张：11.5　字数：294.4 千字
版　　次：2022 年 5 月第 1 版
印　　次：2024 年 1 月第 2 次印刷
定　　价：58.00 元

凡所购买电子工业出版社图书有缺损问题，请向购买书店调换。若书店售缺，请与本社发行部联系，联系及邮购电话：(010) 88254888，88258888。

质量投诉请发邮件至 zlts@phei.com.cn，盗版侵权举报请发邮件至 dbqq@phei.com.cn。

本书咨询联系方式：(010) 88254580，zuoya@phei.com.cn。

PREFACE

随着互联网技术、数字技术的不断发展，新媒体环境下的网络广告以其互动性、针对性、便捷性等特点越来越受到各大广告主的关注与青睐。网络广告是新生代的广告媒介，也是网络营销内容的重要组成部分，它所涵盖的内容非常广泛，表现形式及载体也比较丰富。从目前情况来看，网络广告仍处在发展阶段。为了满足企业不断变化的专业技术需求，培养网络广告设计人才，国内各大高等院校纷纷开设"网络广告"课程。编者从2016年至今，一直讲授"网络广告"及"网络广告设计综合实训"课程，备课期间查阅了大量资料及案例，经过六年的实践经验积累，本着由浅入深的原则编写了这本《网络广告设计立体化教程》。全书共分六章，循序渐进地让学生掌握网络广告的具体设计方法及相关知识技能。

本教材的编写特点主要体现在以下几个方面。

一、改革教学方法。教材内容的呈现采用集文字、图像、视频等于一体的丰富表现形式，使教师可以开展个性化教学，让学生通过手机或移动设备扫描书中二维码去体验教学案例，有效地实现混合式和探究式学习等教学方法，培养学生自主学习的能力，增强师生间的互动。教材配套的电子课件等资源请登录华信教育资源网（http://www.hxedu.com.cn）注册后免费下载。

二、提高教学内容的实践性。本教材内容以职业岗位技能培养为目标，对接"1+X文创产品数字化设计（中级）"能力认证要求，结合真实工作任务、项目案例及各类广告大赛，对学生进行网络广告技术应用能力及创造能力的培养。教材内含丰富的教学资料及学生获奖作品，以及企业专家对案例的专业分析，便于教师进行教学和学生自学。

三、坚持显性教育与隐性教育的统一性。教材中选用了很多扶贫帮扶的广告案例，将立德树人作为专业教学的首要任务，坚持理论教育和实践活动的有机结合，激励学生知行合一。

在本教材的编写过程中，要感谢李冬影老师参与完成第 1 章内容的编写，特别感谢企业资深交互设计师常皓老师在第 5 章中对 H5 广告交互体验部分内容的指导，同时，也感谢许多同行的指点和帮助。本书涉及的个别素材及作品来源于网络及参赛学生，在此一并表示衷心的感谢。由于时间仓促，且编者学识水平有限，书中难免存在谬误及不足之处，敬请各位专家、同行及读者批评指正，以便再版时及时修改。

编　者

CONTENTS

第一章 初识网络广告

2 / 第一节　网络广告概述与发展

2 / 一、网络广告的概念
3 / 二、网络广告的优势
4 / 三、网络广告的发展概况
5 / 四、网络广告的构成要素

5 / 第二节　网络广告的投放形式与表现

5 / 一、网络广告的投放形式
9 / 二、网络广告的表现类型

第二章 网络广告创意设计

13 / 第一节　网络广告的创意原则与方法

13 / 一、网络广告的创意原则
16 / 二、网络广告的创意方法

19 / 第二节　网络广告的设计风格与制作环节

19 / 一、网络广告的设计风格
22 / 二、网络广告的制作环节

24 / 第三节　网络广告的版式设计

24 / 一、网络广告的版式设计原则
29 / 二、网络广告中文字与图形的编排形式
34 / 三、课堂实例教学
　　34 / 实训 1　Illustrator 版式效果编排

37 / 第四节　网络广告的文字设计

37 / 一、网络广告的文字设计方法
40 / 二、文字的层次编排
43 / 三、课堂实例教学
　　43 / 实训 2　Photoshop 文字效果制作

49 / 实训 3　Illustrator 标题效果制作

51 /　第五节　网络广告的色彩设计

51 /　一、色彩三要素

53 /　二、色相在网络广告中的运用

54 /　三、明度在网络广告中的运用

56 /　四、饱和度在网络广告中的运用

57 /　五、课堂实例教学

57 /　实训 4　Photoshop 广告色彩设计案例

第三章
网络广告主题表现

65 /　第一节　网幅广告

65 /　一、网幅广告版式设计

68 /　二、网幅广告主元素设计

69 /　三、网幅广告背景设计

70 /　四、课堂实例教学

70 /　实训 5　Photoshop 制作静态网幅广告

74 /　第二节　电子邮件广告

74 /　一、电子邮件广告的特点

74 /　二、电子邮件广告的优势

75 /　三、电子邮件广告的尺寸

75 /　四、电子邮件广告主元素设计

77 /　五、课堂实例教学

77 /　实训 6　Photoshop 制作电子邮件广告

82 /　第三节　引导页广告

82 /　一、引导页广告类型

83 /　二、引导页广告设计

88 /　三、课堂实例教学

88 /　实训 7　Illustrator 制作引导页广告

92 /　第四节　App 内部广告

92 /　一、App 内部广告类型

94 /　二、课堂实例教学

94 /　实训 8　闪屏广告的制作

97 /　实训 9　Banner 广告的制作

102 /　实训 10　插屏广告的制作

目录

第四章
Cinema 4D 广告立体元素制作

107 / 第一节　认识 Cinema 4D
　107 / 一、界面布局
　108 / 二、视图窗口的基本操作
　109 / 三、常用工具与快捷键
　111 / 四、课堂实例教学
　111 / 实训 11　Cinema 4D 立体字母模型制作
　123 / 实训 12　Cinema 4D 立方体小汽车模型制作

第五章
H5 广告制作

133 / 第一节　认识 H5 广告及工具
　133 / 一、认识 H5 广告
　133 / 二、H5 广告设计特性
　135 / 三、H5 广告交互体验
　137 / 四、H5 广告数据回收与复盘
　138 / 五、H5 互动广告案例赏析
　142 / 六、常用 H5 制作工具

145 / 第二节　用 iH5 制作互动广告
　145 / 一、iH5 界面概览
　146 / 二、iH5 基础工具介绍
　147 / 三、iH5 菜单栏介绍
　148 / 四、课堂实例教学
　148 / 实训 13　添加素材
　150 / 实训 14　动效和轨迹设计
　151 / 实训 15　翻页效果的制作
　152 / 实训 16　作品发布与微信标题设置

第六章
网络广告综合实训

156 / 第一节　静态网络广告制作

156 / 项目案例 1　第七届全国高校数字艺术设计大赛命题类学生获奖作品

163 / 项目案例 2　第九届全国高校数字艺术设计大赛非命题类学生获奖作品

166 / 第二节　动态网络广告制作

166 / 项目案例 3　《兔儿爷奔月》H5 广告设计

169 / 项目案例 4　《性别平等》GIF 广告设计

参考文献

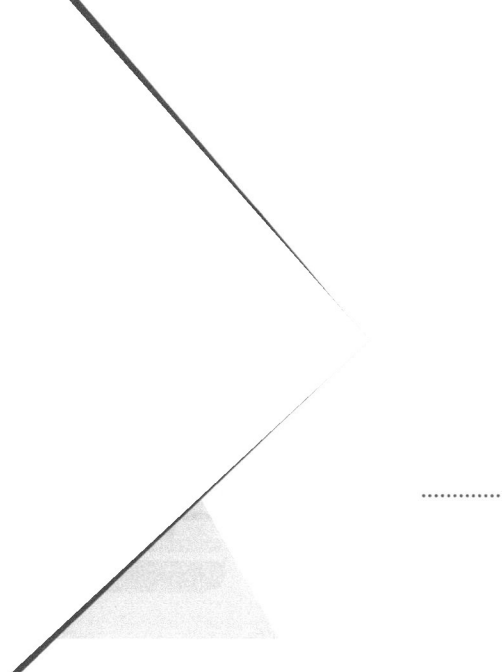

第一章

初识网络广告

知识目标

　　了解网络广告的基础知识,让学生对网络广告的概念与发展、优势与构成要素有一定的认知,掌握网络广告的表现形式及媒体类型。

素质目标

　　培养学生独立思考、自主探究的学习态度和能力。

能力目标

　　使学生具备网络广告基础知识的理解能力,熟悉现代网络媒体传播形式的表现特点和优势。

第一节 网络广告概述与发展

一、网络广告的概念

网络广告是在网络上做的广告,它是通过网络媒体投放的,是网络营销中应用得最为广泛的一种广告形式。

在英文中,网络广告被称为 Network Advertising,简称 Network AD。由于网络广告在互联网中盛行,是现代营销媒体的重要组成部分,具有选择性交互的特点,因此大家也会把 Web AD 这个词当作网络广告的代名词。

一般来说,网络广告可以分为广义和狭义两种概念。

1. 广义的网络广告概念

广义的网络广告概念是指一切通过网络的各种技术表现形式投放、传播商业信息的过程与方法,包括以计算机网络为媒介的广告宣传,以及其他所有以电子设备相互连接组成的网络为媒介的广告行为(见图1-1)。

图 1-1 当当网广告

2. 狭义的网络广告概念

狭义的网络广告概念是指广告主利用一些受众密集或有代表性的网站,通过付费去投放商业信息,并设置链接到某目的网页,通过异步传播的声音、文字、图像、影像和动画等多媒体元素供上网者观看和收听,并能进行交互式操作的广告传播形式,也称在线广告,如图1-2和图1-3所示。

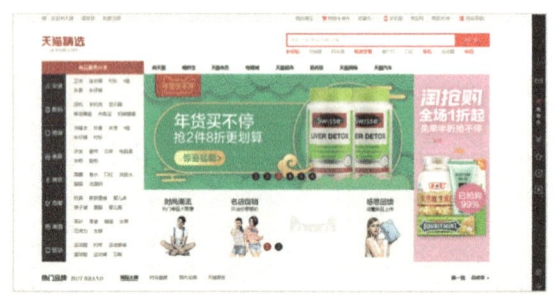 

图 1-2 天猫商城上投放的网络广告　　　　图 1-3 《纽约时报》广告

如图1-3所示的《纽约时报》极简广告片"The Truth is Hard"(真相难寻)中没有任何花哨的内容,白底黑字展示"真相"是什么,将过去几个月被议论的事件和观点在屏幕中以文字的形式展示出来。这则广告虽然只有 30 秒的时间，但其视频通过网络媒介在 YouTube 上发布后，不到一周便收获了 1600 万浏览量，并引发媒体的广泛报道。

二、网络广告的优势

网络广告作为一种全新的广告形式，有许多不可替代的优势。因为这种广告具有选择性观看的交互特点，所以它的表现形式及手段更加丰富。同时，为了能够广泛地传播，吸引受众，在设计中也会涉及更丰富的艺术门类，所以对设计者的能力要求也会更高。

1. 传播范围广

网络广告覆盖面广，受众基数大，不受时间和空间的限制，只要具备上网条件，它就可以把广告传播到网络所覆盖的任何地域和人群中，用户可以在网络连接的任何地点和任何时间浏览广告，这是传统媒体广告无法做到的。如图 1-4 所示为网易新闻广告。

2. 交互性强

相较于传统媒介的电视、广播、印刷品或户外广告信息的单向传导性，网络广告通过简单的交互方式让用户参与到广告中，它更注重与用户间的相互交流。一方面让广告发挥了传达信息的作用，另一方面对品牌的建设与提升也起到了良好的推动作用。

如图 1-5 所示为网易新闻围绕 11 月 19 日世界厕所主题日所做的广告，广告画面设计以卡通插画、纸质感呈现。通过小游戏的形式，展现了三个有趣的厕所新闻和一种厕所文化。用户点击画面中的物品，就会有弹出层，会有不同的信息提示。这则广告有很强的交互性，它让用户在参与中去体验、去探寻。

图 1-4　网易新闻广告

图 1-5　网易新闻广告《厕所谜案》

3. 多维性

网络广告可以采用多维的传播方式表现，它可以将动态影像、文字、声音、图像、动画、表格等信息结合起来传送信息，让用户身临其境地去体验、感受产品和服务。随着社会的发展、科技的进步，广告的创作人员还可以借助虚拟现实等技术，根据广告的需要进行组合创作，调动各种艺术表现手法，制作出更多形式的网络广告，如具有动感、触感的广告，进而增强网络广告的表现力和多维性，激发用户的购买欲望。

4. 效果易于测量

对于传统营销方式，很难准确地知道广告的营销效果，只能做出粗略的估算。而网络广告可以在网页程序中插入流量统计和探测流量来源的代码，通过浏览量、点击率等指标，统计多少人看过广告，进而评估广告的投放效果，调整广告营销策略。

5. 受众针对性强

网络广告在投放前，首先要对消费者上网行为习惯及喜好等进行了解及分析，建立完整的用户数据库，通过数据显示确定广告目标群体，直接命中潜在用户，更好地对广告进行定位，增加广告的投放效益。网络广告的目标群体往往是最具活力的消费群体，这一群体的消费总额往往大于其他消费群体。

6. 具有灵活性

以传统媒体形式制作的广告发布后很难更改，即便可以修改也要在经济上和时间上付出很大的代价。而网络广告的制作比较灵活，它可以根据客户的需求随时调整广告内容，且制作成本也比传统的报纸、杂志、电视广告要低。

三、网络广告的发展概况

1994 年 10 月 27 日，全球第一个标准的网络横幅广告出现了。美国著名的 *Hotwired* 杂志推出了网络版广告内容，将 AT&T（美国电报电话公司）等 14 家客户的广告投放在网站上。这是网络广告史上最有意义的一天，它标志着网络广告的诞生。*Hotwired* 杂志着重于报道科学技术应用于现代和未来人类生活的各个方面，崇尚无线技术及数码，受到大批数码爱好者的追捧（见图 1-6）。

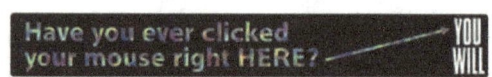

图 1-6　AT&T 公司广告标语

AT&T 公司的广告标语是 "Have you ever clicked your mouse right HERE? YOU WILL"（你有没有用你的鼠标点击这里呢？你会的。）在之后的 4 个月里，44% 的网民看到这则广告并点击了它。此后，这种新的广告形式开始被广告主和用户所接受。1999 年第 46 届国际广告节将网络广告列为继平面广告、影视媒体广告之后的一种新的广告表现形式。

中国的第一个网络广告比美国的晚了 3 年，诞生于 1997 年 3 月。当时比较有名的 IT 巨头 IBM 在 Chinabyte 网站上发布了广告，为 AS400 的宣传支付了 3000 美元的广告费，成为国内最早在互联网上投放广告的广告主，开创了中国互联网广告业的历史。从此，网络广告逐渐深入人们的生活，在 1999 年年初中国网络广告便稍有规模。

2004 年至 2005 年，中国网络广告实现了跨越式发展。大批资金涌入互联网产业，网络广告市场开始进入喷井式增长期，效益超过了杂志广告。2009 年，中国广告市场互联网广告收入超过了户外广告收入。2012年至今，以互联网为传播媒介的网络广告已成为最热门的广告表现形式。

四、网络广告的构成要素

1. 广告主

广告主是指发布网络广告的企业、机构或个人。广告主一般以企业居多，但随着社会的发展，个人在网上发布的各类广告也越来越多。

2. 广告信息

广告信息是指网络广告的具体内容，即所要传达的商品及服务信息。它的表现形式可以是文字、图形、图像、视频、动画及声音等元素。网络广告信息的特点是更新快，图文声并茂，以互动为主要特色。借助多媒体及网络技术，消费者可以通过超链接直接获取商品信息，并且可通过计算机或手机直接下单购买。

3. 广告媒体

广告媒体是传递广告信息的载体。网络广告的媒体就是网络上的平台，除了计算机互联网上的网站界面，还存在于手机、平板电脑等移动终端中的应用程序、社交网站中。

4. 广告受众

广告所针对的目标诉求对象，也就是广告信息的接收者。网络广告的受众是上网的网民，广告主在投放网络广告时需要对目标市场、目标人群的消费行为及习惯、喜好做出分析，其中比较活跃的人群就是广告的受众。

5. 广告费用

广告费用指广告主投放的广告资金，其中包括广告调研费、广告设计费、广告媒体费、广告机构办公费等。一般要满足以下几个条件：①满足客户对网站媒体选择上的灵活度；②具有技术支持力量；③确保网站媒体资源的丰富性；④配有完善的后勤团队。

第二节 网络广告的投放形式与表现

一、网络广告的投放形式

1. 网幅广告

网幅广告，英文为Banner，又名"旗帜广告"，是最早出现的一种网络广告形式，也是最常见的形式之一。一般通过限定尺寸的范围来表现广告的内容，将以JPG、Flash、GIF等格式建立的图像定位在网页中，放置在广告商的页面上。同时可以使用Java等语言使其产生交互性，通过Shockwave、视频等工具增强广告表现力。

网幅广告可分为横幅广告和竖式广告两种。

（1）横幅广告。横幅广告一般出现在网站主页的顶部和底部，比较醒目，它是网络广告中重要的表现形式之一，因为表现效果好，所以收费最高（见图1-7）。

图1-7　网易红彩横幅广告

（2）竖式广告。竖式广告一般设置在网站主页的两侧。

由于页面空间有限，所以网幅广告不可能占据太大的空间，在设计时可能只是一个简短的标题加上Logo，又或是一个简洁的招牌，但是一般都会具有链接功能，暗示用户去点击"获取详情""现在购买"等按钮，进而浏览广告具体信息和内容（见图1-8）。

图1-8　中国铁路12306网站上的竖式广告

大部分网站应用的网幅广告的尺寸（单位：px）类型如图1-9所示。

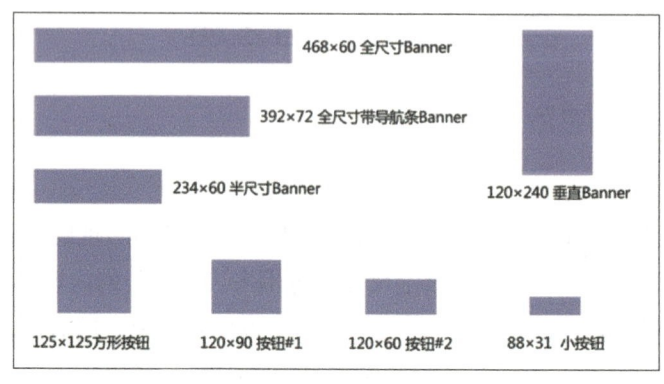

图1-9　网幅广告尺寸图（单位：px）

2. 文本链接广告

文本链接广告是以一排文字或 Logo 图标作为点击对象，通过点击可以进入相应的广告页面中去浏览广告内容的网络广告形式。这类广告访问速度快，是对浏览者干扰最少，却最有效果的网络广告形式，并且广告费用也比较低。

3. 电子邮件广告

电子邮件广告是通过互联网将广告发送至用户电子邮箱的网络广告形式。它可以直接发送，也可以通过搭载发送的形式将用户订阅的刊物或行业产品信息、新闻邮件等资料附带发送。

随着电子邮件使用的普及，电子邮件广告已经成为网络广告应用较广泛的一种形式。电子邮件广告的优势是针对性强、费用低廉、传播面广、信息量大。它可以准确地向目标消费人群投放广告，节约广告成本，而且制作、维护简单快捷（见图 1-10）。

4. 赞助式广告

赞助式广告一般有三种赞助形式：内容赞助、节目赞助和节日赞助。赞助式广告的表现形式多样，广告主可以根据自己的喜好或兴趣对网站内容、节目或特别时期的活动进行赞助，如"旅游文化""应用软件""春运专题"等（见图 1-11）。

图 1-10　携程网电子邮件广告

图 1-11　运动品牌对墨迹天气的赞助式广告

5. 弹出式广告

弹出式广告是指访客在浏览网页时，网页自动弹出的强制性广告窗口，也称"插播式广告"和"弹跳广告"。弹出式广告与电视广告类似，会打断用户浏览和观看的内容，容易引起用户反感，破坏用户的访问体验。但是广告主对这种投放方式比较情有独钟，因为它可以强制用户不得不浏览广告内容，从某种程度上说，获得了较好的广告效果（见图 1-12）。

6. 按钮广告

按钮广告也称"图标广告"，表现为图标形式，通常是图标链接着企业或机构的主页，是最早和最常见的一种网络广告形式。按钮广告尺寸偏小，一般不超过 100px × 100px，占用面积小，表现手法较简单，价格比较低，所以在网站上出现的数量多，多用于做提示性的广告（见图1-13）。

图1-12　1号店网站弹出式广告

图1-13　按钮广告

7. 软件内置广告

软件内置广告最早常出现在计算机应用软件的窗口周边，广告主利用窗口周围的空间进行广告投放，投放前先对用户上网行为进行分析，了解用户曾经浏览或搜索的广告内容，再进行广告推送。虽然软件内置广告具有一定的强迫性，但广告的点击率也会比较高。

8. 移动终端广告

移动终端广告是指依据移动终端的特点投放的广告。随着智能手机、平板电脑等移动终端的发展和无线网络的覆盖，相比于其他广告形式，移动终端开始成为广告投放的重要载体。借助移动终端的传感器或硬件，广告的种类变得丰富多彩，这些广告包括App活动广告、开启推送广告、引导页广告等（见图1-14）。

图 1-14　王府中環购物中心手机广告

二、网络广告的表现类型

1. 动画广告

动画广告是以绘画为基础的一种电影广告，是网络广告最主要的表现形式之一。由于计算机网络广告的盛行，以 Flash 软件生成的 SWF 动画广告受到了很多广告主的青睐，这种方式生成的广告在文件很小的情况下动画效果也会很丰富，并且具备声音、图像、视频等多种媒体的兼容性。其画面通常比较夸张，会按照编导或设计者的意图和要求将题材或情节进行图画再现（见图 1-15）。

图 1-15　必胜客动画广告《当食材从天而降》

但是随着网络媒体技术的进步，动画广告开始被兼容更多设备的 HTML 5（简称 H5）模式所取代，这种技术增强了广告对用户的吸引力，它可以不用插件、免费开放，并且适用于移动终端。例如，各大 App 的引导页会利用 H5 在线设计平台为自己的产品创作动态的广告效果，以加深用户对产品的体验和理解。

2. GIF 动态图片广告

GIF 的全称是 Graphic Interchange Format，原意是"图形互换格式"。GIF 是一种位图，它的文件较小，压缩率较高。图片由许多像素组成，每个像素都有一种指定的颜色，综合起来就构成了完整的图片。由于 GIF 最高支持 256 种颜色，所以不会用于大幅面的广告中，而在按钮广告、网幅广告中应用得较多，它比较适合应用在色彩较少的图片中（见图 1–16）。

图 1-16　天猫新文创广告《识遗计划》

3. 静态图片广告

静态图片广告在网络中随处可见，常用的有以下两种文件格式。

（1）JPEG（Joint Photographic Experts Group）格式。JPEG 格式图片是一种损失较小的压缩文件，其优点是采用了直接色，能够很好地保持连续色调图像，是目前多数网站中最常使用的静态图片格式，其文件小，在网页中加载速度快（见图 1–17）。

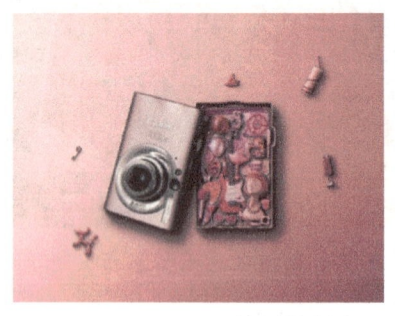 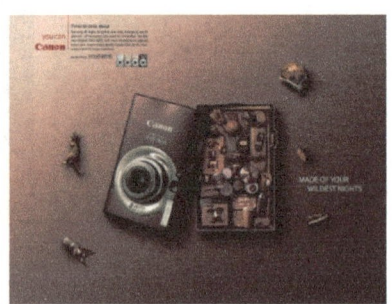

图 1-17　佳能相机广告

（2）PNG（Portable Network Graphic）格式。PNG 格式图片支持高级别无损耗压缩，它与 JPEG 格式图片的区别是能够支持透明背景，也能很好地保持连续色调图像。

4. 视频广告

视频广告分为传统视频广告和移动端视频广告。传统视频广告是在视频内进行的广告投放与设置。而移动端视频广告是在手机、平板电脑等移动终端内进行的视频插播。

传统视频广告属于单向传达信息的广告形式，具有强迫性，容易导致用户的反感。所以网络广告的视频内容也不宜过长，时间最好不要超过 15 秒。

课题与训练

1. 查找、搜集优秀的网络广告案例，体验网络广告的效果，展示并讨论。

2. 查找一个企业品牌（或机构）曾经发布过的一则广告标语，为其设计一张网络横幅广告。

具体要求：

（1）尺寸是 468px×60px；

（2）内容表现要符合广告主题标语。

第二章

网络广告创意设计

知识目标

　　掌握网络广告的设计原则与方法,明确网络广告的表现风格、版式设计、色彩设计的特点。

素质目标

　　培养学生的创新思维能力,挖掘学生的设计潜能。

能力目标

　　通过学习,让学生具备网络广告策划能力,能初步运用网络广告设计方法制作广告。

第二章 网络广告创意设计

第一节 网络广告的创意原则与方法

视频 2：网络广告的创意方法

一、网络广告的创意原则

广告的基本功能是快速、有效、清晰、准确地传播信息。相对于传统广告设计，网络广告的创意表现具有多样性，它可以吸引用户注意力，建立良好的客户关系，提升品牌知名度，有效地传达广告信息，并促进用户对传播媒介的发现和利用，使传播媒介的表现形式得到发展。因此，网络广告的创意设计应遵循以下几个原则。

1. 原创性原则

原创性的意思是指作品内容不得抄袭他人，作品的核心观点是自己思考产生、完成的。要想使广告内容及形式具有个性，原创性是设计人员必须坚持的首要原则。

曼谷奥美从"乐高职业生涯"中选择了孩子们典型的梦想职业，作为该 LEGO（乐高）创意广告《创造未来》的主角，有银河中漫步的宇航员、勇敢无畏的消防员、舞台上帅气的摇滚乐手（见图 2-1）。一块块正在垒起的乐高积木，象征着每个孩子一步一步接近自己的梦想，以及在未来建设中逐渐丰满的理想抱负。

图 2-1　LEGO（乐高）创意广告《创造未来》

2. 简洁性原则

简洁性原则是指对广告画面的视觉要素进行合理的优化和组合。在有限的空间内突出广告的重点，让画面内容主次分明，加深用户对广告的印象和理解，提升网络广告的效益。

LINE MAN（Lineman Food Delivery）是韩国即时通信软件 LINE 在泰国推出的外送服务。2019 年 9 月 LINE MAN 推出了一组系列广告：《送外卖——早餐，午餐，晚餐》。广告以可爱的卡通动物形象来吸引大众的目光，画面中猎物正在排队走向捕猎者，表达了 LINE MAN 提供外送服务的贴心和便捷（见图 2-2）。

图 2-2　泰国外卖 LINE MAN 广告

3. 文化适应性原则

人类文化的发展受时间、地域、社会风俗习惯、历史、时代精神和现代文化的影响，不同的文化背景造就不同的广告受众。

中国网络广告的一大特点是在广告中体现传统文化及精神，将现代广告理念与技巧同中国传统文化有机融合在一起，比较注重群体对产品的需要和满足。

《中国印 中国节》公益广告主题围绕具有中国传统元素的"印"展开，记录人们平凡生活中的印记和感动瞬间。古往今来，"印"在每个中国人的生活中都以自己独特的方式承载着生活的"重量"。"印"是权力的代表，是情感的象征，是责任的体现，是点滴的记录，也是无数情感的寄托。它会在食物上，会在纸上，会在心里，也会在每个情感丰富的时刻。中国印、中国节，带你从南走到北，领略各种大大小小的"印"（见图 2-3）。

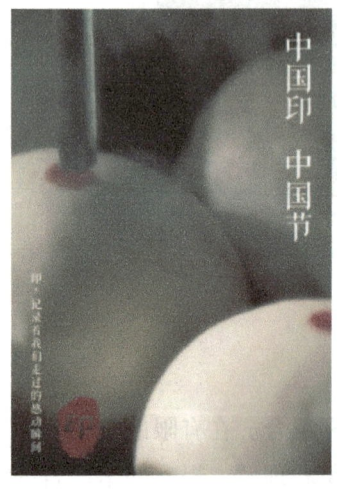  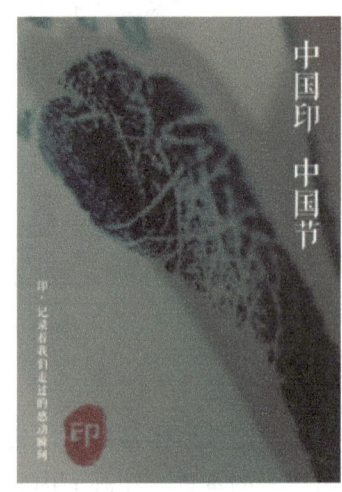

图 2-3　央视 2018 年春晚公益广告《中国印 中国节》

西方文化是多元的，它的文化特征强调人性和个性，崇尚解放思想和跳跃式的思维模式，所以网络广告在表现上更注重个性的发挥，大多数广告会给人轻松、幽默、风趣的感觉（见图 2-4）。

第二章
网络广告创意设计

图 2-4　大众停车系统广告

4. 互动性原则

传统的电视、报纸、杂志等媒体广告都是单向传播信息的，无法与用户进行交流互动。而网络广告可以提供广告与用户直接互动的机会，它更注重实时性和交互性的体验，并且通过这种互动可以给用户带来趣味性，增强用户对产品的印象和好感，提高品牌的亲和力。

小米 MIX 3 推出了一款 H5《全面屏去哪了》的网络广告，利用 H5 设置关卡，以互动的方式让用户了解小米 MIX 3 手机的亮点——"全面屏"，每个关卡有 30 秒时间，用户通过点击每关的"全面屏"图案，进入下一关卡，如果点击错误就会自动扣除时间，在指定的时间里没有找到"全面屏"图案，游戏就会结束（见图 2-5）。

图 2-5　小米 MIX3 广告《全面屏去哪了》

5. 艺术性原则

网络广告是在数字时代的设计领域中派生出的新宠儿，它不仅具有商业性，还具有艺术性。这种艺术性是一种盈利手段，将图形、文字、色彩、声音、图像等元素有目的地结合在一起进行创作，可以让用户在视觉、听觉上获得不一样的感受，用户受众的注意推动产品的销售。

雪佛兰《暗黑简史》广告，配色使用了黑、白、灰色，广告画面采用了哥特式和剪纸风格，使画面具有神秘的艺术气息，宏大的背景音乐也让整个广告有了史诗感（见图 2-6）。

图 2-6　雪佛兰广告《暗黑简史》

二、网络广告的创意方法

广告的最主要目的就是有效地传达信息，突出商品的个性，强调商品的特点。要想有效地吸引用户，激起用户的购买欲望，创作出令人耳目一新的广告作品，可以从以下几点着手。

1. 夸张法

夸张法是指为了达到或强调某种效果，有意识地对广告对象的某方面特性进行夸大，以突出广告诉求点，吸引用户注意力。

Huggies 纸尿裤广告以大众熟知的童话主人公来表现画面，表达纸尿裤使睡梦中的婴儿不受潮湿造成的干扰，突出产品吸水性好的性能（见图 2-7）。

图 2-7　Huggies 儿童纸尿裤广告

2. 对比法

对比法是指把所要描绘的事物特点和性质放在一起做鲜明的对照。它主要分两种方式展现，一种是同行业之间的对比，根据自身与竞争对手的差异性来强调商品的优越性；另一种是把一种或两种事物的两个方面放在一起做比较，以得出的差异来强调商品的特性。这种手法能够更鲜明地提示商品的性能和特点，是一种常用且行之有效的方法。

2011年在戛纳广告节上，新秀丽的《天堂与地狱》广告荣获平面类大奖，作品以大胆鲜明的对比方式创作，画面呈现了新秀丽旅行箱的坚固特性。旅途中，旅客享受着"天堂"般的待遇，旅行箱却遭受着"地狱"般的折磨，而旅途结束后，旅行箱却完好无损地回到了旅客手中（见图2-8）。

图 2-8　新秀丽广告《天堂与地狱》

3. 拟人法

拟人法是指根据想象把事物人格化表现，在具体的设计中，有拟外形和拟行为两种方式，这种手法会让广告更加生动、形象、富有幽默感（见图2-9）。

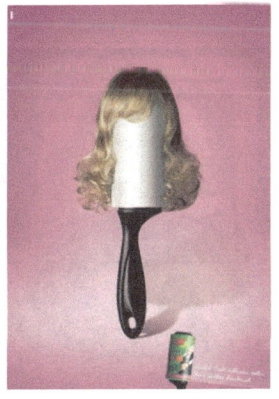

图 2-9　3M Scotch-Brite 广告《拭亮魔布——你的衣服发刷》

4. 比喻法

比喻法就是用一种事物比喻另一种事物，比喻的事物往往与主题没有直接的关系，但是在某一点上与主题有相似性。这种方法可以借题发挥进行延伸转化，获得更友好的广告效果。

如图 2-10 所示的广告将椰汁比喻成足球，诉求点是在表达椰汁与足球运动是最佳的伴侣或搭档，将产品比喻成能体现其功效的另一种事物。

5. 逆向思维法

逆向思维法是相对于习惯而言的，它是对司空见惯、已成定论的事物或观点进行反向思考的一种方法，可以加深消费者对商品的印象，使其认可商品的功能（见图 2-11）。

图 2-10　椰汁广告　　　　　图 2-11　雀巢咖啡广告

6. 环境媒体法

环境媒体法特别强调广告设计与周围环境的关系。这种方法会在商品和载体间寻求结合点，可以高效、生动地传递信息，让品牌与用户之间进行互动，引起用户的关注和兴趣。

德国威娜染发剂是以天然染色为定位的染发剂产品，广告巧妙地将产品与大自然环境结合，使用户抓住产品的特点及广告的诉求点（见图 2-12）。

图 2-12　德国威娜染发剂广告

第二章 网络广告创意设计

第二节　网络广告的设计风格与制作环节

视频3：网络广告的设计风格

一、网络广告的设计风格

随着社会的发展，受数字化时代的影响，网络广告在传达商业信息时，广告设计会通过艺术的构思和技巧使内容和形式相互依存，而合理的网络广告往往要找准设计风格。

1. 时尚风格

时尚风格的网络广告画面的字体设计趋于扁平化，字号偏大，在视觉元素上强调符号化、抽象化，广告排版简约、元素不花哨（见图2-13）。

图 2-13　初语网站广告

2. 民族风格

不同的地域、不同的文化、不同的生活习惯都会有不同的艺术形式存在。民族风格设计能够通过一定的装饰手段体现出一个国家和民族文化的特色。它最大的特点是使用具有代表性的视觉元素进行广告表现，如传统图案、图形、色彩及字体设计（见图2-14）。

图 2-14　搜狗翻译广告《唐朝有嘻哈》

在中国的民族风格网络广告设计中，剪纸造型、民间年画、水墨画、书法字、传统图形等都是常用的设计手段，展现传统文化的同时又不失现代感。

3. 清新风格

清新风格的网络广告在设计上的重点是对色彩的把握。在设计时需要注意浅色和自然色的搭配使用，也就是我们常说的色彩明度。当广告画面色彩明度高时，画面就会相对简洁，清新透亮。但是需要注意的是，白色背景设计要注重版式上画面元素的排列组合，不然会让人产生画面不完整的感觉。

如图2-15所示的伦敦交通局广告主要目的是倡导绿色出行，广告画面色彩明度较高，纯度略低，整体风格看起来清新、柔和，在文字的分布和版式的设计上也都采用了柔美、轻便的设计手法，有种干净、轻松的氛围，突出了广告的诉求。

图2-15　伦敦交通局广告

4. 酷炫风格

酷炫风格的网络广告比较注重版面视觉元素的质感和对光影效果的使用。这种风格的广告通常会选择深一些的渐变色来充当背景，视觉效果、色彩表现丰富，画面层次较多，有极强的视觉冲击力（见图2-16）。

图2-16　雀巢咖啡广告

5. 简约风格

简约风格网络广告的特点是极简主义的运用，它在广告设计中最主要的功能是将信息简明扼要地传递给用户。简约风格的广告在设计前需要对素材进行收集整理、分析和加工，它的版面通常只有文字和图像，不会有太多的层次感，给图像和文字留出大的空间，主体信息会更加突出。

如图 2-17 所示为《听说你开车很溜！》系列广告，越来越多的人会在开车时发信息，每个画面中的字母就像一段路，当你在手机上敲下字母的时候，前面的路也许就会戛然而止，取而代之的会是万丈深渊。广告的目的是提升人们的安全意识，减少交通事故的发生，画面中留有大量的空间，很好地突出了主体内容。

图 2-17　泰国防范交通事故广告《听说你开车很溜！》

6. 卡通风格

卡通风格是网络广告中最常用的一种表现风格，这种风格的广告设计充满趣味性和亲和力，往往用于表达一些积极、健康、欢快的广告主题内容（见图 2-18）。

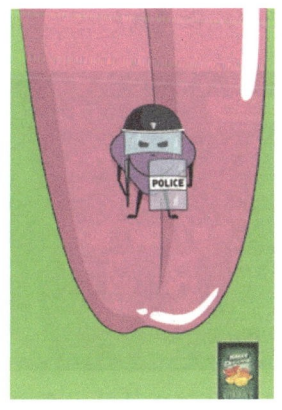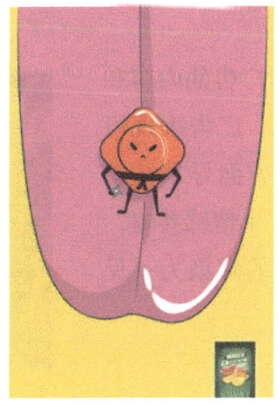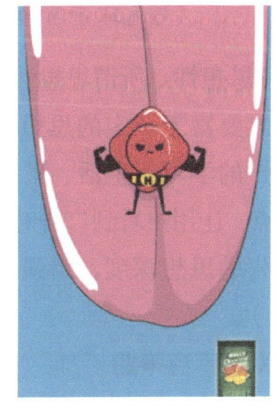

图 2-18　Halls Defence 饮料广告

二、网络广告的制作环节

网络广告的制作主要包括明确广告主题、搜集和整理广告素材、广告策划等几个主要环节。因网络媒体的特性，网络广告的设计具有一定的技巧，根据其自身特点，通过细节的完善与处理，才能提升网络广告的吸引力。

1. 明确网络广告主题

确定广告主题的目的是让用户通过商品信息去认知品牌，对品牌产生情感和行为的变化。例如，广告针对的是什么样的产品、什么样的人群，需要传达什么信息。只有具体特点具体分析，才能够吸引用户点击与观看。网络广告主题应具备以下几点特性。

（1）鲜明性。鲜明性指网络广告要宣传、突出的主体内容和目标群体要清晰、明确。简单来说就是要做哪方面的广告、希望哪些群体来看，重点突出销售理念与目标（见图 2-19）。

（2）创新性。网络广告有别于传统媒体广告的表现形式，它具有交互性。因此，广告在主题的表达及技术手段上应具有独特性、新颖性，要勇于标新立异、独辟蹊径。设计人员要合理、充分地利用现代技术手段去发现问题、思考问题、解决问题，突出广告的诉求点，明确广告主题内容及表现形式（见图 2-20）。

图 2-19　Topline 清香口香糖广告
《与气球亲密接吻》

图 2-20　2018 草莓音乐节年度
主题广告《我》

（3）思想性。所谓思想性是指广告的内容和表现形式要富于一定的思想意义。广告表现可以在用户的学习、生活、工作等方面寻求情感的诉求点，让用户看到广告时会产生情感共鸣，提升广告的思想深度，增强广告的感染力（见图 2-21）。

2. 网络广告策划

网络广告的策划要从广告的全局角度去运筹和规划，要根据互联网的特征和人群特征对整个广告进行协调和战略执行，网络广告策

图 2-21　Softbox 识别计算机危害软件广告

划主要有以下几个环节。

（1）市场分析。

①竞争对手分析。指对竞争对手的市场资源、消费者对其形象的认知度、产品的质量、广告的投放策略与活动、市场的占有率等方面进行分析。只有了解竞争对手在市场中的基本情况、自身优势与劣势，以及营销策略，才能更好地把握市场，对产品做出统筹和规划。

②产品分析。主要包括对产品的质量、性能、包装、价格的分析，如产品质量的信誉保障，产品在包装设计上是否具有吸引力，产品性能、价格是否具备竞争力。

③消费者分析。不同地域、不同文化，不同年龄、不同职业、不同的生活习惯及喜好，使消费者有不同的消费特点和观念。例如，对消费者的购买方式、使用方式、对品牌的行为态度等都要进行可能性分析。

④销售渠道分析。销售的起点是生产者，终点是用户，所谓的销售渠道是指产品从生产者向消费者转移的途径或通道，如直接渠道或间接渠道、长渠道或短渠道、宽渠道或窄渠道、单一销售渠道或多销售渠道，传统销售渠道或垂直销售渠道，这些环节是依靠一些商业服务机构、零售商（无店铺零售、店铺零售）、各种批发商或代理商完成的。

⑤以往广告效果分析。首先可以从广告的经济效果方面进行分析，即广告的投放对商品的生产、流通、消费等是否起到了促进和推动作用。其次是从广告的社会效果方面进行分析，即广告的投放效果是否在社会道德、伦理、精神文化及价值观方面对人们的生活产生了影响。最后是从广告的行动效果方面进行分析，即受广告的影响，消费者所采取的购买行为及其对产品的态度是否发生了变化。

⑥潜在市场展望分析。分析目标市场环境中所在地区的总体的经济发展形势、行业发展的政策和趋势，以及地区消费水平和实力。

（2）广告策略。常见的广告策略主要有四大类。

①产品策略。广告的产品策略主要是指实体定位策略与观念定位策略。

实体定位策略主要是在广告宣传中突出产品的性能和价值，强调功效、品质、价格及市场等方面的定位。而观念定位策略主要是想突出、树立产品的新概念，改变消费者传统的消费理念和行为习惯与心理。

②市场策略。广告的市场策略主要是指目标市场定位、广告心理策略、广告促销策略。

目标市场定位就是企业根据自身产品的特点，为满足某一部分消费群体而选择的目标和范围。广告心理策略是与人们的心理活动产生联系，运用心理学原理来策划广告的内容，吸引消费者注意力，诱发消费者产生购物行为，广告活动中常用的心理学原理有注意、联想、记忆与诉求等几种方式。广告促销策略是结合市场营销及其他销售手段，说服消费者购买产品，给予消费者其他相关附加利益（折扣、馈赠、服务、文娱）等，是一种能够有效推动产品销售的促销手段。

③媒介策略。广告的媒介策略往往是根据广告产品策略定位和市场策略定位进行选择的。对于网络广告来说，主要的媒介优势是交互性特点，有效地利用互联网等技术手段来传播广告信息，吸引受众，以最低的投入获取广告最大的收益和效果，是网络广告与传统广告的最大区别。

④广告实施策略。广告的实施策略主要包括区域策略和时机策略。

区域策略是指要明确广告诉求群体的范围，有效地利用地域性和空间性，促进产品的销售。时机策略是指要按照竞争制胜的原则，有效地统筹、规划广告的推进与发布，正确把握广告的投放时机，让广告策略由观念变为现实的行动，提高广告的宣传效果。

（3）广告计划。首选确定网络广告的主题及目标群体，然后进行网络广告创意及策略的选择，再制定广告表现方案。广告信息的表现形式以简洁的方式呈现，通过带有概括性和主导性的语言明确广告的诉求点。然后有效地利用网络广告的互动性原则，提高访问者对广告的兴趣，合理安排网络广告的发布时间，包括对网络广告频率、时限、时序等方面的考虑。最后正确地对网络广告费用进行预算，并且设计好网络广告的测试方案。

第三节 网络广告的版式设计

一、网络广告的版式设计原则

在设计中，统一性是一个重要的概念，对于网络广告设计师而言，合理地安排广告的版面能够有效地传递商品的信息内容，有层次地突出广告的诉求重点，提升广告的视觉审美功能。因此，版式设计会直接影响网络广告的投放效果。

1. 对齐原则

对齐原则是指版面上的任何视觉元素都不能随便放置和编排。网络广告中涉及的每个视觉元素也都应当与版面上的其他元素有着某种视觉联系。对广告信息内容进行规划、整理后，将信息内容对齐，才能方便用户快速移动、捕获重点内容。对齐方式主要有居中对齐和左右对齐两种。

（1）居中对齐。居中对齐即版面中的图形、图像、文字元素以中线为基准对齐的对齐方式。居中对齐的优点是会给人一种稳定、正式的感觉，视觉上更容易抓住受众的眼球；缺点是版式布局中规中矩，容易使人产生乏味感。

天猫商城广告就采用了居中对齐原则，用户在浏览时能够很清楚地了解广告的主要内容、活动时间、品牌信息等（见图2-22）。

（2）左右对齐。左右对齐是指版面中的图形、图像、文字元素以左或右为基准对齐的对齐方式。左对齐、右对齐的排版在视觉上会给人一种严谨、整齐的感觉。但是根据研究发现，人们更加偏爱左对齐方式，原因是人的视线浏览顺序习惯性地从左向右，所以左对齐排版方式使用得更多些。而右对齐与左对齐的视觉感觉正好相反，在浏览信息时会给人一种受干预的感觉，会降低阅读效率。

图 2-22　天猫商城广告

凯爵啤酒广告以文案形式呈现，将文案分为三部分，广告文字分别采用了左对齐和右对齐的方式，使版面规范有序、丰富而有变化（见图 2-23）。

图 2-23　凯爵啤酒广告

2. 聚拢原则

聚拢原则是网络广告中最实用的一种排版原则，在设计上它会将广告的内容分成几组，将彼此相关的内容放置在一个组中，再将不同的组组合呈现，告诉我们这些不同的组是一个整体单元，而不是孤立存在的元素。聚拢原则在优化版面的同时，可以更好地突出广告信息的主次关系。但是在使用时应当注意不同文字间的层级关系，以及图形、图像与文字之间的关系和距离（见图 2-24）。

图 2-24　天猫双十一阿玛尼美妆广告

3. 留白原则

留白原则设计的重点是可以突出品牌。因为网络广告的版面大小是有限的，将过多的元素和想法表达在一个版面空间内，版面会显得杂乱。而留白设计会将焦点汇聚在信息内容上，让用户在浏览信息时简单易懂，更好地平衡了版面空间，从而提升了用户的阅读体验（见图 2-25）。

图 2-25　微信支付广告

4. 降噪原则

降噪原则是指在进行广告效果和氛围设计时从整体考虑广告的表现，使广告效果具有统一性。版面降噪设计的方法可以归纳为减少广告中的字体种类、色彩种类，虚化图形，改变透明度等。

不能把降噪原则理解为对版面进行简单化处理。网络广告中的空间有限，只有主体元素更加突出、清晰，去除版面中的嘈杂元素，对相关文字信息进行有序斟酌、排列，才能让广告更有看点。

SKII 的广告版面看起来丰富但不凌乱，视觉主体形象、背景没有选用真实的照片来表现，而是采用图形方式呈现，将天猫商城图案降低透明度放置在主体图案后方，使广告的画面具有层次感，形成统一、简洁的整体风格（见图 2-26）。

第二章
网络广告创意设计

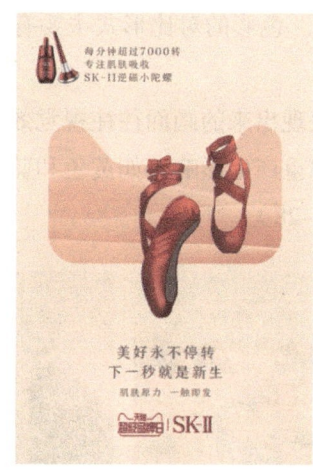

图 2-26　SK-II 广告

5. 重复原则

重复原则是指版面中的视觉元素或表现形式的重复出现。重复出现的元素可以是颜色、字体、图像、形状、材质、空间关系等。

重复原则的使用能够让画面更加有条理，可以帮助设计师合理布局版面，让版面富有层次感、逻辑性、连贯性和统一性，让广告画面产生节奏感和韵律美，加深用户对广告的印象（见图 2-27）。

图 2-27　康王品牌《为地球去"屑"》公益广告

6. 对比原则

对比原则是指将版面中不同的形状、颜色、大小、线条等元素放置在一个画面中，增强不同元素之间的节奏感和层次感，使广告信息内容有组织性地突出，形成视觉差异感，方便用户浏览重要的信息内容。

常用的对比原则包括色彩对比、比例对比、虚实对比等。

（1）色彩对比。色彩的对比形式主要有深浅的对比、轻重的对比、面积大小的对比及色彩繁简的对比。

深浅对比所表现出来的画面往往视觉效果较温和、明快、素雅。而色相、明度、纯度则会对色彩的轻和重产生影响，如黄色和蓝色的对比、粉色和红色的对比等都属于色彩的轻重对比（见图2-28）。

图2-28　好色派沙拉广告《大自然是个好吃的家伙》

色彩的面积大小对比就是版面的大色块简单干净，中间会有较小的色块区域，小的色块内会包含广告主体内容或品牌信息，色彩面积大小的对比可以更好地吸引用户的注意力，突出主体信息。而色彩繁简对比的主要目的是烘托广告的主题，所以版面有一部分颜色使用繁杂，会产生更好的视觉效果（见图2-29）。

图2-29　好色派沙拉广告

（2）比例对比。在网络广告设计中，除了增加广告的趣味性和吸引力，还可以通过调整版面大小比例来增强画面视觉的对比度。当画面中的视觉元素大小相同时，版面很难构成层次感。元素大小的调整更有利于突出视觉焦点，构建有张力的布局和样式。

麦当劳选取经典食品"派"所推出的系列广告在版面设计中很好地应用了比例对比原则。广告主题为"派day"，选取"派"与"π"谐音这个巧妙的角度来对产品进行营销包装，以中国不同地区方言形式来与消费者建立联系与互动，对画面中的元素进行大小和比例的调整，以有趣创新的广告传播形式吸引用户的注意力（见图2-30）。

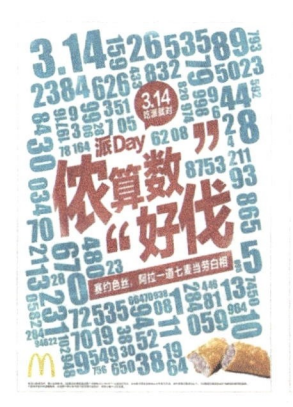

图2-30　麦当劳方言广告《派day》

（3）虚实对比。应用虚实对比原则主要是为了突出网络广告中的主体形象、丰富广告内容及表现效果。它可以通过对版面元素间的大小比例、色彩明暗、疏密强弱等方式的调整来表现。这种设计可以使画面营造出一种意境美，通过虚实关系有效地传达信息内容，以不同的编排和对比方式缓解用户的视觉疲劳，营造广告的氛围，让用户对广告主体内容产生更深刻的印象和记忆。

正月十五闹元宵，赏灯猜谜福利到，玛莎拉蒂汽车围绕元宵节推出了主题系列广告。广告强调不玩文字，只比眼力，让用户通过广告中的每盏车灯，猜出所对应的玛莎拉蒂车系名字。这则网络广告运用了虚实对比手法，通过色彩的明暗、图像的虚实创造气氛，来达到突出主题的目的（见图2-31）。

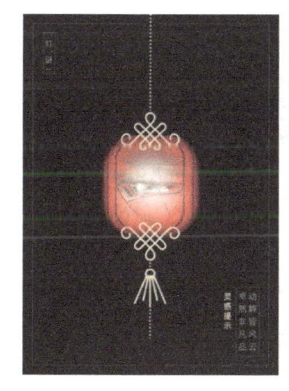

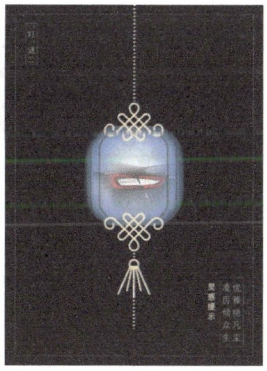

图2-31　玛莎拉蒂汽车广告

二、网络广告中文字与图形的编排形式

随着视觉时代的来临，视觉化语言的表现对用户在浏览和接收信息时有着很大的推动

作用。在网络广告的版式设计中，只有恰当合理地编排文字与图形，才能达到功能与审美的统一。文字与图形的编排形式可以归纳为以下几种方式。

1. 上下分割

这种分割主要是把广告版面分为上、下两个部分，一部分配置图片，另一部分配置文案。配置的图片可以是单幅也可以是多幅。但是由于网络广告发布的特性，竖式的网络广告比较常用这种版面形式（见图 2-32）。

图 2-32　京东商城广告《知 TA 改变，懂 TA 喜欢》

2. 左右分割

这种分割主要是把广告版面分为左右两个部分，分别在左侧或右侧配置文案或图片。在日常生活中，左右两部分进行版式分割时容易造成视觉心理的不平衡，但在网络广告中一般采用左文右图的方式居多，图片宜放置在右侧，这是由于人们观察网页的视觉习惯与纸质印刷品相反，当然也有左图右文的特殊情况（见图 2-33）。

图 2-33　天猫双十一广告

3. 线性编排

线性编排是指将需要编排的元素安排在一个线状的序列空间里。它的编排形式不一定是直的，可以是扭曲或倾斜等状态。网络广告中的元素可以根据给定的角度、距离、大小的不同形式进行相互联系和重复的线性编排，这样会使版面产生节奏感和动感（见图 2-34）。

第二章
网络广告创意设计

图 2-34　麦当劳广告

4. 中心点编排

以中心为重点的编排在版面设计中具有沉稳、集中、平衡的视觉效果。以中心向四周发散的形式，可以营造出空间中的点或场，强调画面的主次内容，使整体达到统一的效果（见图 2-35）。

图 2-35　搜狗超萌狗狗广告《不满足于知道，试试搜狗》

5. 重叠编排

重叠编排是指各元素间上下重叠及覆盖的一种编排表现形式。由于版面中的元素具有关联性和可识别性，所以在采用重叠编排时需要对元素的形状、大小、颜色、虚实、明暗、位置等关系进行调整，不要影响重要元素的识别性，要让版面层次分明、相得益彰（见图 2-36）。

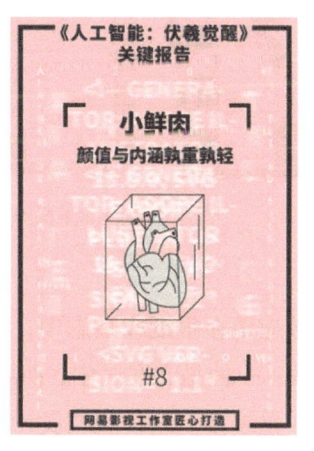

图 2-36　网易影视广告《人工智能：伏羲觉醒》

31

6. 散点式编排

散点式编排最容易让版面出现杂乱无章的状况，它可以采用多种字体和图形进行表现，所以在设计时要注重版面文字及图形主次、疏密关系的分配。散点式编排的优势在于它可以使版面更有活力和趣味性（见图2-37）。

图 2-37　麦当劳广告《四大特工，年轻麦盟》

7. 蒙德里安式编排

蒙德里安式的版式布局得名于著名抽象派画家蒙德里安的冷抽象构图风格。这种版式布局会结合水平线、垂直线、正方形、长方形将图形放置在骨骼单位中进行设计与构图。随着人们视觉审美的提高，这种版式编排形式也有了更多的延展性（见图2-38）。

图 2-38　KENZO×H&M 系列广告

8. 边框式编排

边框式编排常被应用在报纸或杂志中，它比较适用于信息量较大的网络广告。这种编排方式会有两种表现：一种是文案居中，四周围绕文案进行放置编排；另一种是图形居中，四周围绕图形进行放置编排。这种版式设计的优点是会让用户更容易识别、理解广告信息内容（见图2-39）。

图 2-39　同程火车票广告《劳动节，我想偷个懒》

9. 以文字为主的编排

以文字为主的编排设计首先要确定广告中文字的等级关系，如广告的主要信息与次要信息，合理地对版面进行分区分栏，将信息文字整理成整体的形，如正方形、长方形等进行分区表现。这种版面设计会使主体内容富有条理性（见图2-40）。

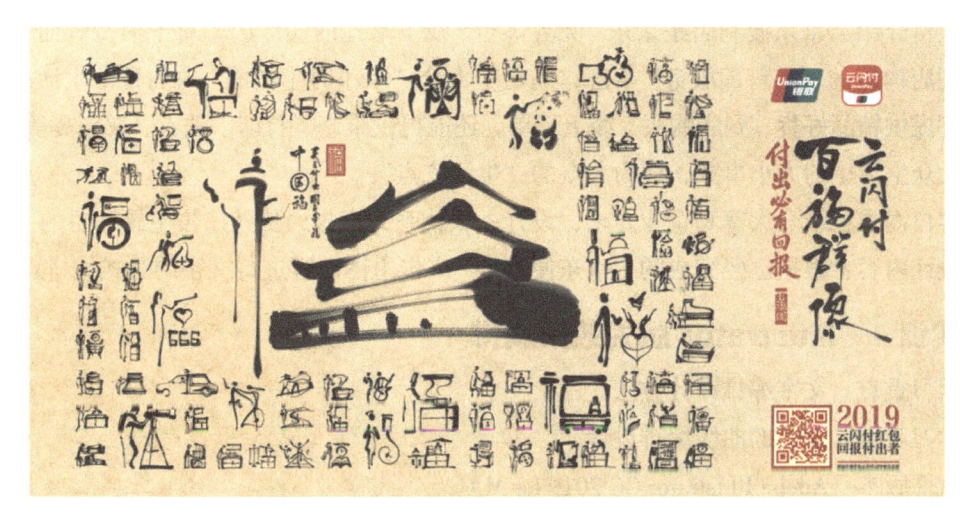

图 2-40　云闪付广告

10. 以图形为主的编排

以图形为主的编排设计，首先要对图片的大小、数量、位置进行规划和安排。此时的版面主要以图形为主，以文字为辅，所以要注意文字的位置与图形的关系，文字要放置在适当的位置上，不要分散和过多地进行变化，避免对用户视觉导向产生干扰（见图2-41）。

图 2-41　魅族 E2 广告《每个人，都有闪光点》

三、课堂实例教学

本项目案例是"第十一届全国大学生广告艺术大赛——京东便利店"命题参赛作品（见图 2-42）。

项目介绍：京东便利店是京东"无界零售"线下落地的实体店，对于消费者而言，京东便利店构筑的"零售即服务"生态，满足了大众"半小时生活圈"内的日常生活所需，它不止提供精品好货、到店购买、线上下单，还能提供维修、打印、洗衣、取包裹等服务，承包大众生活中的大小事务，成为大众的"生活支点"。

客户需求：结合大赛和企业要求，设计一款或系列海报，传达广告主题和目的。

设计内容：根据已经完成的"京东便利店"广告主体内容进行文字的版式编排设计。

实训 1　Illustrator 版式效果编排

学习重点：文字编排设计方法。

学习难点：文字的曲线编排设计。

软件版本：Adobe Illustrator CC 2019 for MAC。

1. 文字编排设计工具介绍

Illustrator 是矢量图形绘制软件，相对于 Adobe Photoshop 而言，它具有更强的文字录入功能及版式编排功能。

当对广告画面中的文字进行编排时，要根据广告内容进行排版，通常可以使用文字工具、路径文字工具、直排文字工具等不同工具来实现（见图 2-43）。

文字工具：在 Illustrator 中，使用该工具可以录入单独的文字，但是需要注意的是，单独的文字并不具备自动换行的功能，需要手动按"Enter"键来完成文字的换行。

第二章 网络广告创意设计

路径文字工具：在 Illustrator 中，使用该工具可以将文字沿着任意路径进行摆放，比较适用于做曲线、弧形文字编排效果。

图 2-42 《京东便利店》（作者：刘禹畅）

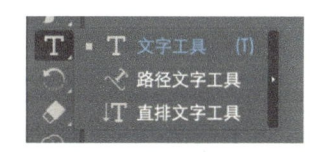

图 2-43 文字工具选项

直排文字工具：在 Illustrator 中，使用该工具可以将输入的文字内容以竖立排版形式呈现，但是也需要按"Enter"键来进行文字的换行。

2. 设计步骤解析

在前面的学习中我们已经掌握了文字与图形的 10 种编排形式，接下来结合广告内容，以线性编排方式，对广告中的文字元素进行版式编排设计。

（1）选择钢笔工具（快捷键"P"），用钢笔工具沿人物头像绘制路径，如图 2-44 所示。

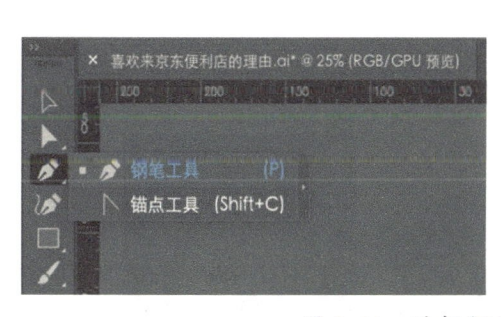

图 2-44 选择钢笔工具绘制路径

（2）选择锚点工具，将路径调整为平滑曲线，如图 2-45 所示。

（3）选择路径文字工具，输入文字"张奶奶的柴米油盐"，如图 2-46 所示。

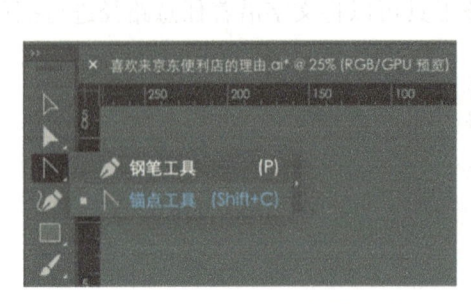

图 2-45　选择锚点工具将路径调整为平滑曲线

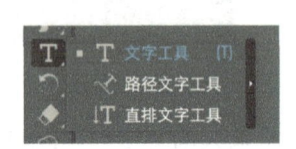

图 2-46　选择路径文字工具输入文字

（4）设置字体为"张海山锐谐体"，字号为"72pt"，描边为"4pt"。由于广告整体是以卡通插画风格展现的，所以广告氛围比较活泼、可爱，应选择一些有趣且辨识度较高的字体来衬托广告主体内容，如图 2-47 所示。

图 2-47　设置字体、字号

（5）预览编排效果，完成系列作品中其他作品的文字编排，如图 2-48 所示。

图 2-48　预览作品编排效果

第四节 网络广告的文字设计

一、网络广告的文字设计方法

在网络广告中文字是重要的视觉元素之一，它不仅能够传达信息，还能通过得体的文字设计增强广告的视觉冲击力。在经过设计处理后，广告文字可以变为一种视觉图形、一种审美、一种情趣。这种方式相对于图片来说会使信息更加精确，它可以加快用户的阅读速度，有效地传播广告的信息内容，提升广告的趣味性。

网络广告中的文字设计有以下几种方式。

1. 字体选择

在网络广告中，人的视线阅读习惯是由大向小进行浏览的，所以在进行文字设计时，应注意字体的大小、文字的排列及背景关系的表现。

（1）相同字号不同字体的表现。作为广告语的文字，在使用相同字号表现时通常要选择醒目、厚重、易识别的字体。针对不同的字库，我们以相同的字号（大小：42px；宽度：570px；高度：120px）列出一些常用的、适合做网络广告标题的字体供大家参考，如方正黑体、方正综艺体、方正大黑、汉仪大黑、版黑、悦圆等，如图2-49所示。

图 2-49　广告标题字体图

（2）汉字与英文的区别。汉字与英文之间最基本的不同是阅读方式、解决方式及编排方式的不同。

英义的结构与汉字的结构不同，在设计及应用上会有很大的差异。英文是图形化的表现，而汉字是象形字的表现。汉字的最大特点是它的形体复杂、意义丰富；而英文则正好相反，它属于图形化的表现，字母字形简单。如果运用英文字母来表现广告，则需要很多的元素来辅助、完成广告的主题。从排版上说，英文的优点是构图要比汉字更容易把握。

如图2-50所示的云闪付广告根据100种职业的物件特征或人们日常工作中的工具，以中国书法的形式，将每种职业设计成带有画面的"福"字。这一系列广告很好地运用了汉字意义丰富、形体复杂的特点来进行广告内容的宣传表现。

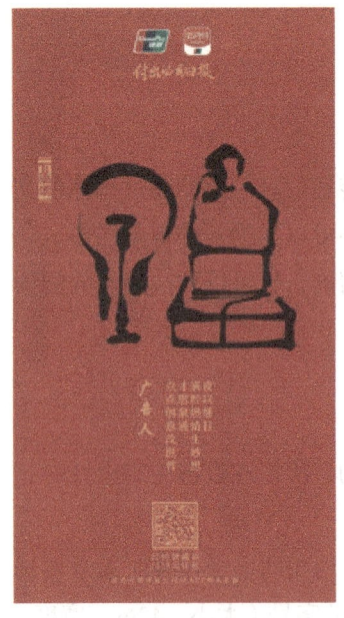

图 2-50　云闪付广告《你付出的样子，就是福》

2. 文字变形

文字在变形前要先选择一个适合其变形的原始字体，然后再根据广告的信息内容及字体的形态进行设计、变形，但是在设计时要注意不同字体间的相互协调和区别，避免给用户带来杂乱、无序的感觉。

字体的变形设计可以从笔画的起笔或末端进行，这两个地方是最有利于文字进行变形的部位。在变形时不要过度，要注意字体的统一性，不能丧失字体的可读性和清晰度，变形后的文字也应具备美感。

为了号召公众关注阿尔茨海默病，促使人们进行早期筛查，在 2017 年的"世界阿尔茨海默病日"，中国老年保健协会老年痴呆及相关疾病专业委员会联合众多爱心企业共同发起了一场主题为《不再遗忘》的公益活动。在这次活动中，汉仪字库协助制作了一套免费的特殊字库——"阿尔茨海默病字体"，以文字作为阿尔茨海默病公益广告的情感交流载体。发起方还推出了以阿尔茨海默病字体解构为主题的极简 H5《不再遗忘》的互动广告，通过文字部位笔画的淡化、消失，让人们感受阿尔茨海默病患者的记忆流逝，进而参与并支持社会公益组织。可以说整个广告的创意形式新颖并带有可延展性（见图 2-51）。

此外，还可以将标题字体用带有一定情境的装饰性元素来表现，将文字分别围绕广告主题和内容进行装饰。如浓汤宝·火锅词典 GIF 动态广告，为 5 种锅底想出了 5 种创意十足的命名，分别将文字中的雪花、青线椒、杭白菊、枸杞形状与广告宣传内容进行结合，通过文字的装饰设计，让用户根据这些名字去猜出对应的火锅底料口味（见图 2-52）。

图 2-51 "世界阿尔茨海默病日"公益宣传广告《不再遗忘》

图 2-52 浓汤宝广告

3. 文字角度

在进行文字设计时，由于网络广告的版面有限，设计人员通常要根据广告的版面大小和内容需求对文字进行角度的调整。有时用横平竖直的文字来表现广告及信息，不一定会有很好的视觉效果，也不能满足每一种情况的需求。

文字角度变化主要有倾斜和斜切两种方式，这两种变化会使广告的版面变得活泼且具有动感。斜切是在文字保持纵向笔画与水平线垂直的基础上进行横向倾斜，这是一种常见的表现手法（见图 2-53）。

图 2-53 西瓜视频广告《看了又看，再看一直看》

4. 文字的质感

文字的质感设计不仅可以让字体变得有层次感，还能丰富字体的整体效果和广告氛围，突出字体的特征，明确广告的目标群体和方向，为广告加分，让用户对广告产生深刻的印象。

（1）立体字设计。立体字是网络广告中最常用的文字设计手段，它是在平面字体的基础上，应用绘画透视原理来表现文字效果的。这种效果能够很好地突出文字、强调画面，使广告的版面产生空间层次感。但是应当注意的是，立体字效果一般多用在广告的主标题上，并且不能忽略文字的可读性和易读性。

立体字的表现形式很多，可以根据广告主题利用相关软件设计制作、渲染出不同的质感效果，如金属、水晶灯等质感（见图 2-54）。

（2）情景文字设计。这种文字设计方式的最大特点是突出、体现广告的情景感，会将文字赋予相应的质感，让用户对广告的设计内容与广告画面产生情感共鸣，使用户产生亲切感（见图 2-55）。

图 2-54　百雀羚面膜广告

图 2-55　京东广告《挑好物，上京东》

二、文字的层次编排

网络广告中的文字信息是主次分明、有层级的。合理地对广告版面中的文字进行层级编排，是突出广告主题的有效途径和方法，通过对文字的排列组合让广告版面效果更加出彩。文字的层级编排在注重广告内容传达的同时，也应注意形式及视线运动规律的变化与表现。

1. 大小和颜色的编排

在网络广告中可以通过字体大小及颜色的变化组合来对广告信息进行拆分，引起人们对广告内容的新鲜感、特异感，强调、突出广告主体内容。

作为一家以文艺出名的白酒品牌，江小白经常以一些文案金句来发布广告，《酒桌是一个江湖》GIF 广告用"敬、劝、罚、陪、干、奢、聚"7 个汉字高度精炼地概括出中国的酒桌文化。广告通过不同字号、颜色的文字设计变化让用户的视觉形成一定的浏览规律，丰富了文字层次，使版面效果统一，有效地让用户把握主要信息内容的同时产生情感共鸣（见图 2-56）。

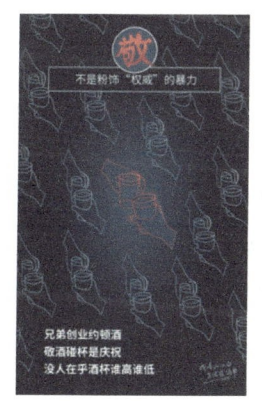

图 2-56　江小白 GIF 广告《酒桌是一个江湖》

另外，在网络广告的文案中也会有阿拉伯数字出现，数字在广告中会带来强烈、醒目的宣传效果，它能够让用户更快、更容易地记住广告的重要信息，因此，在设计时可以对数字进行面积的比例调整，来增强广告的特异感（见图 2-57）。

图 2-57　领克 02 汽车广告

2. 排列组合的编排

网络广告的版面空间是有限的，除了广告标题还会有其他相关的文案信息需要传达和突出。将广告中的文案进行拆分、排列、组合、突出、断句会形成新的整体，有针对性地区分信息的重点与辅助内容，才能更准确地突出广告的目的（见图 2-58）。

图 2-58　口碑 App 创意广告

3. 中英文字体的混搭

中国文字具有深刻的蕴意，它属于象形字表现；而英文主要以图形元素的形式出现，对我们而言，它更像是一种符号。

在进行网络广告设计时，可以将英文作为广告的背景或辅助中文的信息进行混搭编排，适当、合理地应用英文可以为版面增添不同的视觉感。但应当注意的是，文字的主要目的是传达广告的信息，所以在使用时不能影响用户对信息的阅读和对广告的理解（见图 2-59）。

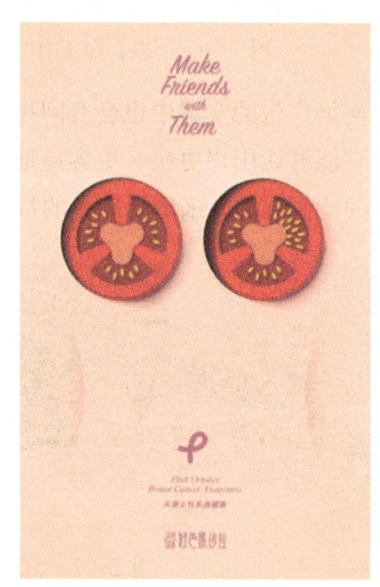

图 2-59　好色派沙拉广告

4. 不同字体之间的编排

网络广告中不同字体的使用会增强版面的灵活性，使广告主次信息层次分明，也会使广告画面变得更加丰富。通常情况下广告版面的字体种类不应超过 3 种，字体种类太多会

第二章
网络广告创意设计

致使版面杂乱无章，所以在选择字体时，要根据广告标题字体、字号进行配合设计，要保证文字的可读性和易读性，不要让文字失去它的功能（见图2-60）。

图2-60　天猫七夕节广告《恋爱女生的心机日记》

三、课堂实例教学

实训2　Photoshop 文字效果制作

设计内容：霓虹灯文字效果制作。
学习重点：以英文"LOVE"为主体，制作霓虹灯效果标题。
学习难点：能够突出文字的光感、空间感和运动感等效果。
软件版本：Adobe Illustrator 2019 for MAC。

视频4：霓虹灯文字效果制作

设计步骤解析

（1）先使用 Illustrator 创建文本素材，在画板中输入"LOVE"，然后选择 Helvetica 字体，再将字体做稍微拉长的处理，如图2-61所示。

（2）选择钢笔工具，将文字描边粗细设置为"0.5pt"。全选文字素材，将文字设置颜色值为白色，再按"Ctrl+C"组合键对文字进行复制，如图2-62和图2-63所示。

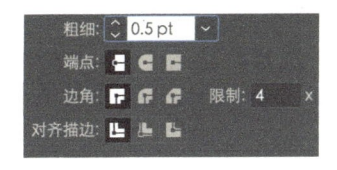

图2-61　创建文本素材　　图2-62　文字描边设置　　图2-63　设置文字颜色

（3）运行 Photoshop，新建文档（按"Ctrl+N"组合键），将颜色模式设置为"RGB 颜色"，背景色为黑色，如图 2-64 所示。

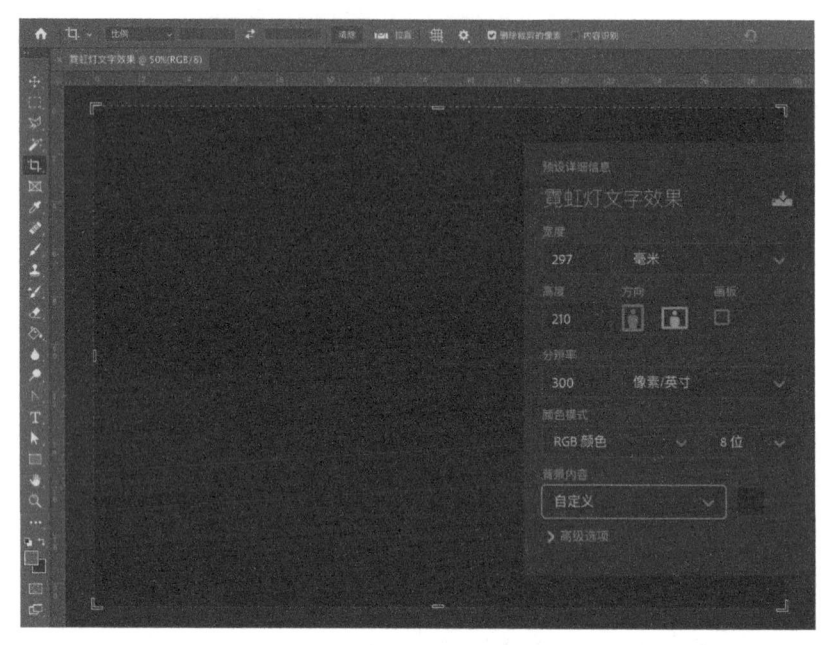

图 2-64　新建文档

（4）将刚刚在 Illustrator 中制作的文字复制到 Photoshop 操作窗口中。在弹出的对话框中选择"智能对象"单选按钮，单击"确定"按钮，完成文字素材的粘贴操作，如图 2-65 所示。

图 2-65　粘贴文字素材

（5）创建新的文档窗口，设置尺寸为 A4，颜色模式为"RGB 颜色"。

（6）选择渐变工具，在渐变编辑器中，设置颜色值为（16,15,50），用鼠标从左下角向右上角拖动应用渐变，如图 2-66 所示。

（7）接下来添加照明效果，选择"滤镜"→"渲染"→"镜头光晕"命令，设置亮度为"90"%，选择镜头类型为"电影镜头"，单击"确定"按钮完成设置，如图 2-67 所示。

第二章
网络广告创意设计

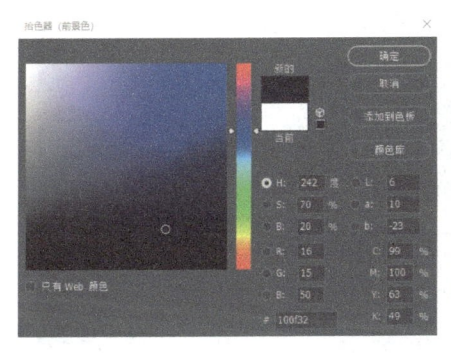

图 2-66　填充背景色

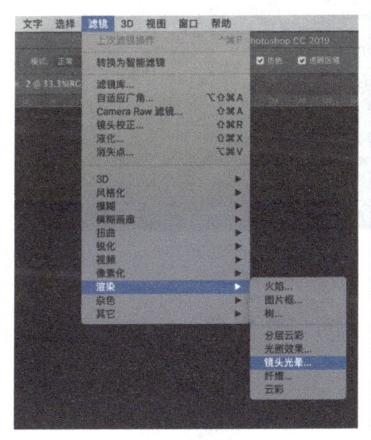

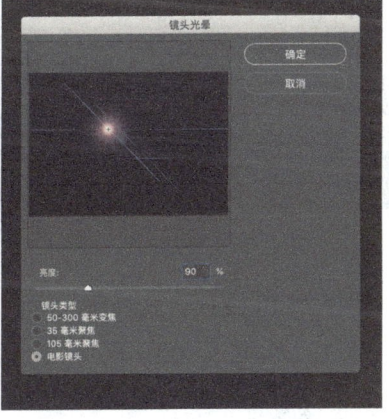

图 2-67　添加照明效果

（8）将之前的文字素材置入带有照明效果的文档中，并将图层命名为"01"，如图 2-68 所示。

图 2-68　将文字素材置入照明效果文档中

（9）选中"图层"面板中的"01"图层，再单击"添加图层样式"按钮，选择"外发光"。在图层样式中设置混合模式为"滤色"，不透明度为"65"％，颜色值为（204,255,0），杂色为"0%"，再将"图素"选项中的方法设置为"柔和"，扩展为"17"％，大小为"25"像素，品质选区中的范围为"80"％，抖动为"0"％，如图 2-69 所示。

45

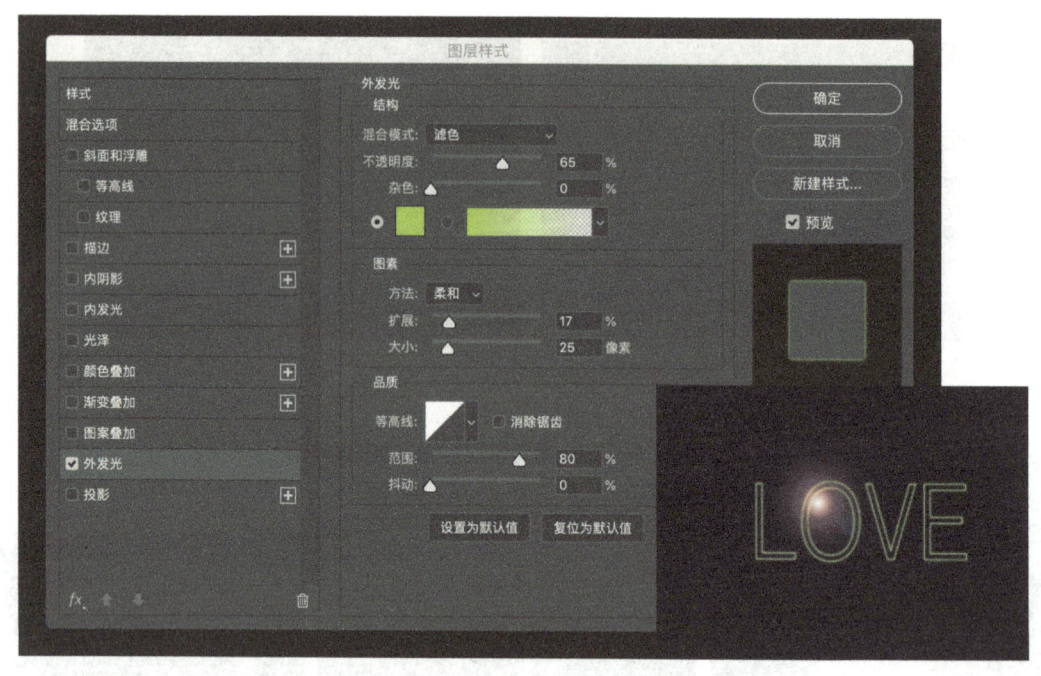

图 2-69 添加图层样式

（10）在"图层"面板中复制"01"图层，选择图层样式中的"外发光"，设置颜色值为（255，0，252），其他效果不变，如图 2-70 所示。

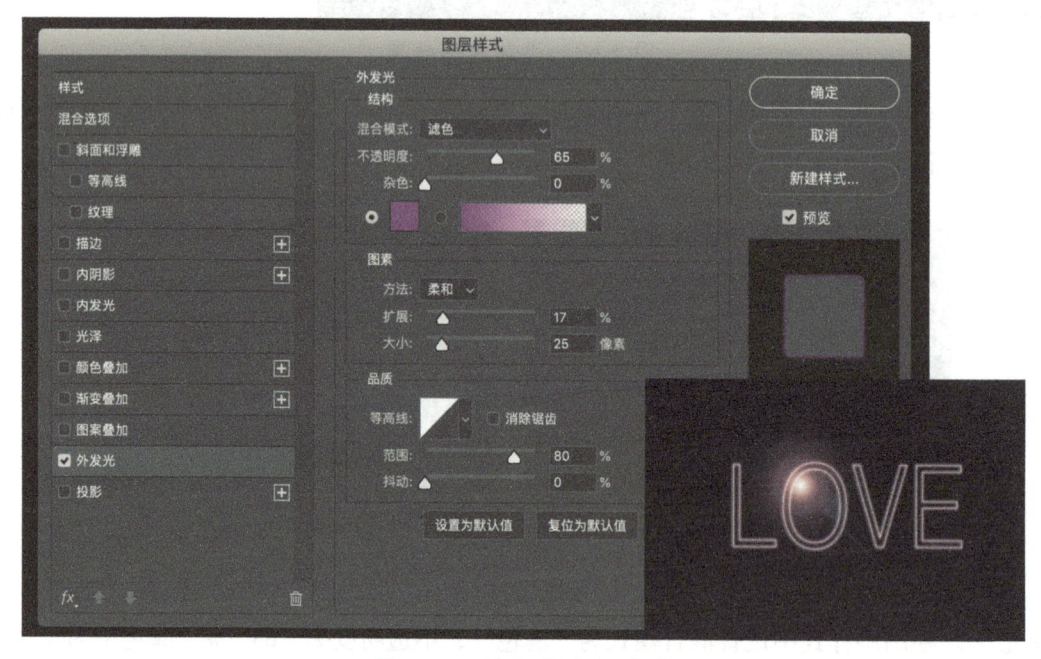

图 2-70 添加外发光效果

（11）复制"01拷贝"图层，完成后加强霓虹效果，如图 2-71 所示。

图 2-71　加强霓虹效果

（12）创建照明素材，设置尺寸为 A4，分辨率为"300"像素/英寸，RGB 颜色模式，背景色为黑色，如图 2-72 所示。

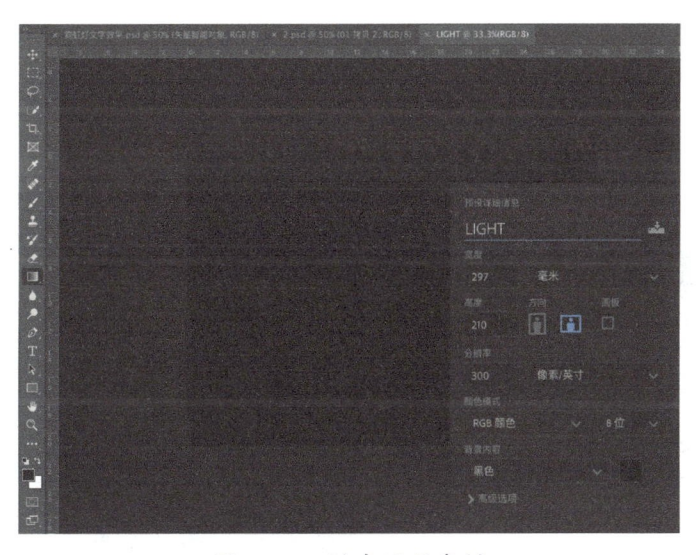

图 2-72　创建照明素材

（13）进行镜头光晕表现的设计，选择"滤镜"→"渲染"→"镜头光晕"命令，设置亮度为"86"%，镜头类型为"50–300 毫米变焦"，如图 2-73 所示。

图 2-73　镜头光晕表现设计

（14）在菜单栏中选择"图像"→"模式"→"灰度"命令，将图像更改为黑白效果。再使用橡皮擦擦除光照以外的背景颜色，完成照明素材的制作，如图2-74所示。

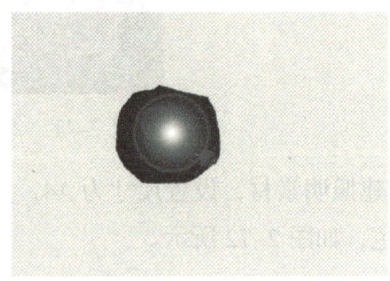

图2-74　完成照明素材的制作

（15）将完成的照明素材拖动至背景操作窗口，并移动到最上方图层位置。将图层重命名为"照明素材"，如图2-75所示。

图2-75　移动"照明素材"图层

（16）将"照明素材"图层的混合模式设置为"颜色减淡"，就能看到文字出现照明效果，如图2-76所示。

（17）复制多个"照明素材"图层，将其分布在文字周围，并设置不同的不透明度，完成霓虹灯文字效果的制作，如图2-77所示。

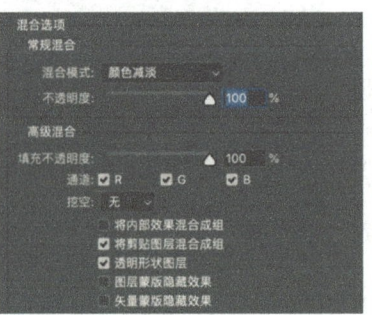

图2-76　颜色减淡效果　　　　图2-77　完成霓虹灯文字效果的制作

实训 3　Illustrator 标题效果制作

设计内容：渐变颜色标题效果制作。

学习重点：字母抽象图形装饰的设计方法。

学习难点：字母整体颜色明亮效果的设置。

软件版本：Illustrator 2019 for MAC。

设计步骤解析

（1）新建文档，设置尺寸 210mm×210mm，分辨率为 300 像素/英寸，颜色模式为"CMYK"。并创建文本"Morning"，选择 Helvetica 字体，"Bold"，设置字号为"110pt"，如图 2-78 所示。

图 2-78　新建文档并创建文本

（2）选择钢笔工具，创建多种文字对象的曲线素材，然后创建水滴素材，如图 2-79 所示。

图 2-79　创建曲线及水滴素材

（3）右击选择文本，为标题文本创建轮廓，如图2-80所示。

（4）利用创建的曲线、水滴素材对字母M进行装饰。再复制水滴素材，将其颜色修改为白色，放置在字母M的下方位置，完成字母M的装饰设计，如图2-81所示。

图2-80　为标题文本创建轮廓　　　　图2-81　完成字母M的装饰设计

（5）用相同的方法，用水滴素材和曲线对字母o、r、n进行装饰设计，如图2-82所示。

（6）利用曲线装饰字母i，创建黑色圆形对象，替换字母i上的正方形，如图2-83所示。

图2-82　完成字母o、r、n的装饰设计　　　　图2-83　利用曲线装饰字母i

（7）继续利用曲线装饰字母n和g，复制圆形对象放置在曲线上，并用水滴素材对字母g进行装饰，如图2-84所示。

（8）调整装饰素材及曲线的位置，完成字母标题的装饰设计，如图2-85所示。

图2-84　利用曲线装饰字母n和g　　　　图2-85　完成字母标题的装饰设计

（9）修改标题颜色，按快捷键"G"填充颜色，设置颜色值为（0,100,30,60），如图2-86所示。

（10）选中曲线和水滴素材，进行渐变颜色填充，设置颜色值为（0,100,30,60）（135,0,10,0），如图2-87所示。

图 2-86　修改标题颜色　　　　　　　图 2-87　渐变颜色填充

（11）查看标题填充效果，调整细节，完成标题颜色设计，如图 2-88 所示。

图 2-88　完成标题颜色设计

（12）创建背景，设置颜色为白色，然后按"Ctrl+G"组合键，将水滴素材、曲线、字母进行编组，完成渐变颜色标题效果的制作，最后导出作品，如图 2-89 所示。

图 2-89　渐变颜色标题效果

第五节　网络广告的色彩设计

一、色彩三要素

美国流行色彩研究中心的一项调查结果表明，人们在选择商品时会存在一个"7 秒钟定律"，对商品是否满意、喜欢，只需要 7 秒钟就可以确定。研究中还发现，在这 7 秒钟内色彩起到的决定性作用占 67%，它可以加深消费者对商品的第一印象，并影响消费者的购买与选择，对商品被选购起到推动性的作用。可以说色彩设计在网络广告中是非常重要的组成部分。

色彩三要素（Elements of color）指的是色彩可用的色调（色相）、明度、饱和度（纯度）。而人眼看到的任何一种彩色的光都是基于这三个特性的综合效果而产生的，这就是我们所说的色彩的三个要素。

1. 色相

色相是指色彩的外貌特征，是不同波长的色彩的情况。色彩是由于物体上的物理性的光反射到人眼的视觉神经上所产生的感觉。波长最短的是紫色，最长的是红色。我们常用的 12 色色相环就由红、橙、黄、绿、蓝、紫色和在它们各自之间的红橙、黄橙、黄绿、蓝绿、蓝紫、红紫色 6 种中间色组成。而色相环上，与环中心对称的、在 180°位置两端的色称为"互补色"（见图 2-90）。

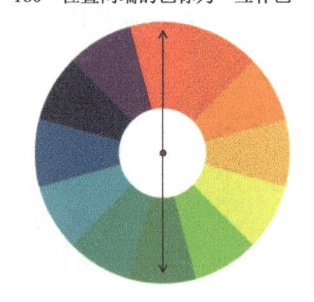

图 2-90　12 色色相环

2. 明度

色彩分为有彩色和无彩色。明度是指色彩所具有的亮度和暗度，即颜色的明暗程度。相同色调的颜色，明暗程度也可能会不同，我们可以通过灰度测试卡来计算明度，每种色的亮暗度都能在灰度测试卡上找到具体的位置值，包括无彩色，它也是有明度变化的（见图 2-91）。

低明度　　　　　　　　　　　　　　　　　　　　　　　高明度

图 2-91　红紫色的明度变化图

3. 饱和度

饱和度是指色彩的鲜艳程度，还可以称之为"彩度或纯度"。有彩色的各种色都具有纯度值，无彩色的纯度值为 0。色彩的纯度的高低可以通过色彩中所含有的灰色的程度来计算。另外，纯度还会因色相的不同而不同，即便是相同的色相，因为明度不同，纯度也会发生变化（见图 2-92）。

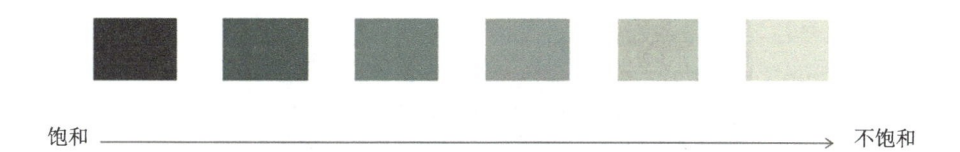

饱和 —————————————————————————→ 不饱和

图 2-92　墨绿色饱和度变化图

二、色相在网络广告中的运用

在网络广告设计中，要根据广告的内容来进行整体色调的搭配。由于色相是色彩的相貌特征，不同的色相会有不同的色彩体系，即冷暖的倾向，所以在应用时需要考虑受众心理和视觉上的感受。

1. 对比色的运用

在网络广告的版面中，冷暖对比色使用得越多，版面视觉碰撞效果就会越明显，这种搭配会让广告画面显得活泼、丰富，具有时尚感。

在运用对比色时还应注意色彩间彼此面积的调整，不同面积的对比色的使用会产生不同的视觉效果，如大面积蓝色和小面积黄色的对比、小面积蓝色和大面积黄色的对比，两种颜色在不同面积情况下的对比效果是不同的，所以在进行广告设计时要结合广告内容及图形、文字元素进行细节的调整，合理地应用、分配色彩在版面中的比例（见图 2-93）。

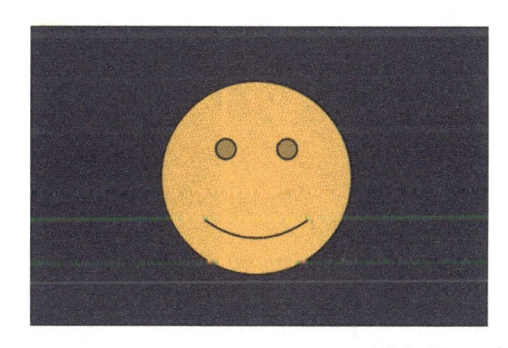

图 2-93　对比色的运用

另外，在色相环中邻近的色彩的色相差是最小的；而位于色相环 180°位置两端的色彩，即互补色的色相差最大。例如，喜力啤酒《坐上喜力这辆车，去赛道之上"星"发现！》这则网络广告，版面运用了红色和绿色对比，在强烈的色彩对比下很好地突出了画面的视觉效果，使广告内容与品牌有一种统一、协调的氛围感（见图 2-94）。

图 2-94　喜力啤酒广告

2. 邻近色的运用

邻近色是指色相环上相邻的色彩，即色相环中相隔三个数位的两色或相距60°的两色。在网络广告中运用邻近色可以让广告的版面色彩更有层次感，有助于广告形成统一的视觉风格。

腾讯网 UED 设计团队围绕"植树节""世界森林日"构思了一款和森林主题相关的 H5 广告：《不毛之地》。广告故事的情景设定是在没有森林的未来世界中，人们通过完成四次任务，拯救自身、拯救森林的故事。画面中四个场景分别是荆棘沼泽、遗落沙地、洪荒戈地、生命之泉。在设计上，每种场景的用色都符合人们对事物颜色的认知，通过邻近色的搭配使每一屏画面设计风格都很统一（见图 2-95）。

图 2-95　腾讯网 UED 植树节 H5 广告《不毛之地》

三、明度在网络广告中的运用

1. 高明度色彩的运用

在网络广告设计中，高明度色彩的搭配会让广告版面产生明快、干净的视觉效果。以高明度色彩为主体的版面，广告中的视觉元素并不一定都要用浅色系表现，当大面积使用高明度色彩后，可以将文字、图形等个别元素的颜色做加深处理，拉开版面明度层次的变化，突出广告的主次信息内容（见图 2-96）。

图 2-96　麦当劳广告

2. 低明度色彩的运用

运用低明度色彩搭配的网络广告的版面会有一种神秘、深邃的感觉。需要注意的是，低明度色彩氛围的网络广告中，必须要有高明度色彩进行点缀。广告语是广告传达信息的重要组成部分，在低明度的版面中可以用高明度色彩元素来强调，突出广告语（见图 2-97）。

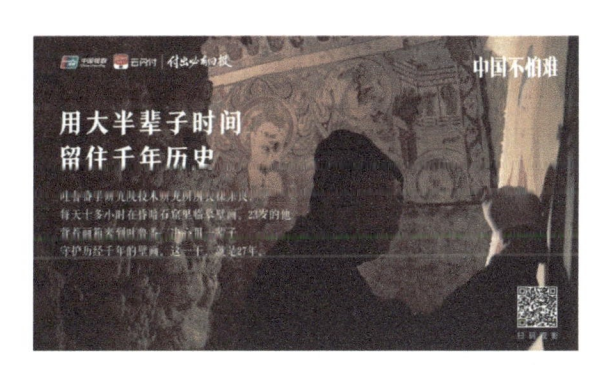

图 2-97　中国银联广告

3. 明度的层级对比

明度的层级对比是指在色相、纯度相同的情况下，调整广告版面中图形、图像、背景之间的明度变化关系，这样的调整有利于增强画面的层次感和空间感，让广告的版面变得丰富、柔和、有看点。

2020年左岸咖啡在社交平台上发布了《独立书店的色彩哲学》系列广告，在设计上，该系列广告分别用红、黄、蓝、绿、浅蓝色5种颜色来表现，5种颜色分别对应5款咖啡饮品，同时又介绍了5处独立书店。该系列广告通过对色彩明度层级对比的设计与搭配，使广告内容更加丰富并有层次感，很好地突出了产品的特色与内涵（见图2-98）。

图 2-98　左岸咖啡馆广告

四、饱和度在网络广告中的运用

饱和度越高，色彩的颜色就越鲜艳。在进行色彩设计时如果不对饱和度加以控制，在长时间浏览时，广告画面就会因为过度鲜艳而缺乏品质感，也会让用户产生视觉疲劳。

1. 高饱和度色彩的运用

网络广告由于其传播特性决定了它需要在有效的时间里去吸引用户的注意力，而高饱和度的色彩是最具有活力和视觉冲击力的，它在网络广告中的运用比较常见。但需要注意的是，高饱和度色彩虽然容易吸引用户，但过度使用会影响广告效果，因此高饱和度色彩要和低饱和度色彩结合使用（见图2-99和图2-100）。

图 2-99　Her own words 内衣广告

图 2-100　新浪新闻客户端广告

2. 低饱和度色彩的运用

低饱和度的广告作品看起来色调会更加和谐。在许多用户的观念中，低饱和度色彩会给人昂贵、高品质的感觉。因此使用低饱和度色彩能够提升广告的品质感，使画面能够有联系性和整体性，对产品也会有很好的推动作用。如果说高饱和度色彩给人的是跳跃、时尚的感觉，那么低饱和度色彩给人的则是沉稳、低调、和谐、大气的感觉（见图 2-101）。

图 2-101　滴滴顺风车 × 网易严选广告

在网络广告中，将低饱和度色彩与高饱和度色彩搭配结合使用效果会更好，这样既可以为版面添加亮点，也可以降低高饱和度色彩在版面中带来的躁气，让广告的版面活泼而不失稳重感。

五、课堂实例教学

实训 4　Photoshop 广告色彩设计案例

设计内容："第八届全国高校数字艺术大赛——走进寻乌"公益赛事学生获奖作品。

学习重点：寻乌县南桥镇"高排村"乡村振兴，扶贫公益系列广告宣传设计。

学习难点：Photoshop 渐变颜色风格广告的制作方法。

设计要求：平面类，作品文件不小于 A3 幅面，分辨率为 300 像素 / 英寸，JPG 格式，RGB\CMYK 颜色模式。

网络广告设计立体化教程

1. 创意说明

本次作品围绕高排村的毛竹和松树进行设计，画面中的毛竹、松树以简约的几何图形表现。在色彩上，作品整体采用渐变颜色呈现，运用象征生命力的绿色进行毛竹的设计，通过略显朦胧的渐变色彩体现竹林的神秘氛围。而松树则采用不同于本色的浅紫色与黄色进行搭配，衬托出松树枝繁叶茂的形态（见图2-102）。

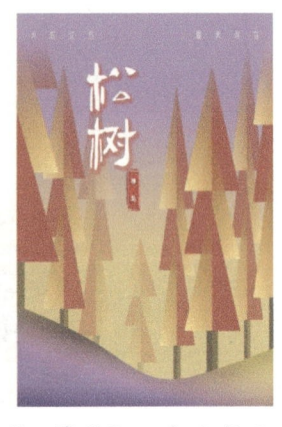

图2-102　全国总决赛"三等奖"、东北赛区"一等奖"（作者：齐健宇；指导教师：杨爽）

2. 设计步骤解析

（1）新建项目1，设置宽度为"29.7"厘米，高度为"42"厘米，分辨率为"300"像素/英寸，"RGB颜色"模式，命名为"作品1"，如图2-103所示。

（2）填充背景色。新建图层，设置颜色值为（19,106,92）（45,182,144），选择渐变工具进行填充，设置为线性渐变，模式为"正常"，不透明度为"100"%，拖动鼠标由上向下进行渐变颜色的填充，如图2-104所示。

图2-103　新建项目1

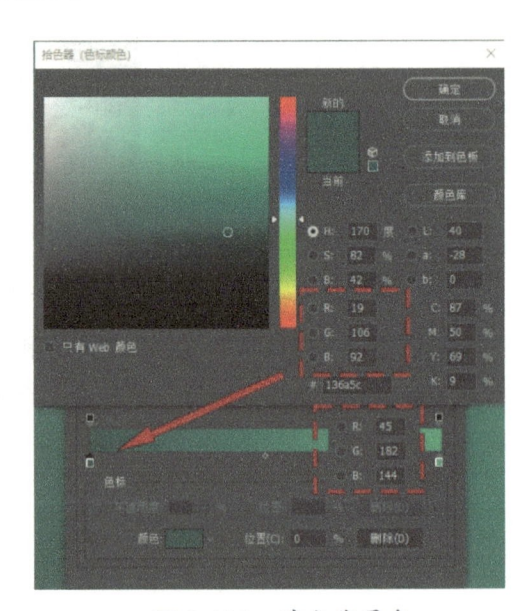

图2-104　填充背景色

（3）绘制地面图形，新建图层，使用钢笔工具绘制地面形态，按快捷键"P"，然后将其转为选区直接填色，设置颜色值为（14,76,68），并使用加深或减淡工具进行明暗的调整，如图2-105所示。

（4）绘制毛竹图形。新建图层，使用钢笔工具绘制出竹子的形态，并将其转为选区进行填色，设置颜色值为（14,76,68）。再使用加深或减淡工具对明暗程度进行调整，然后放置在画面的目标位置，后续步骤只需等比缩放重复操作即可。注意：此部分图层较多，建议对图层进行编组，方便后续作品的调整，如图 2-106 所示。

图 2-105　绘制地面图形　　　　　图 2-106　绘制毛竹图形

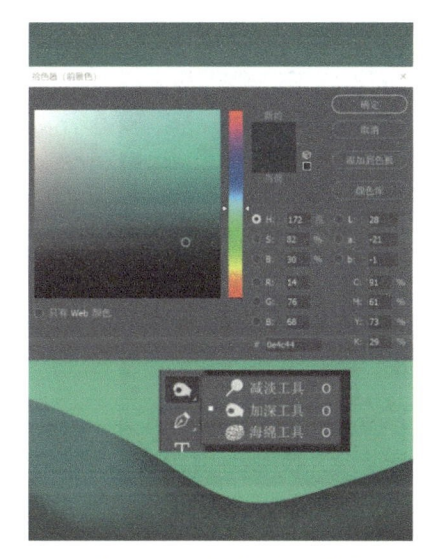

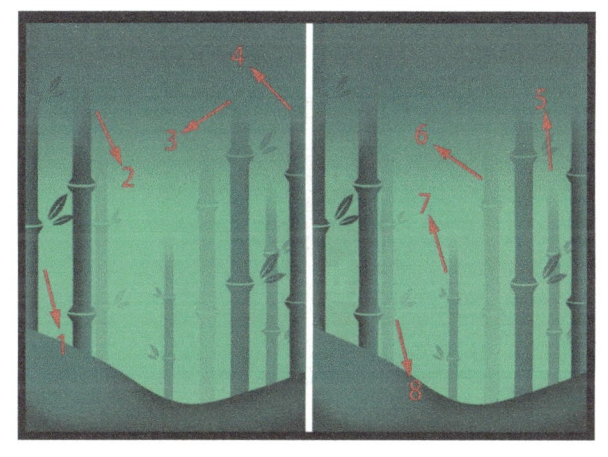

（5）添加标题。新建文字图层"毛竹"，设置"毛竹"字体为"演示佛系体"，字号为"175pt"，并将其放置在目标位置，然后为文字添加图层样式"投影"效果，如图 2-107 所示。

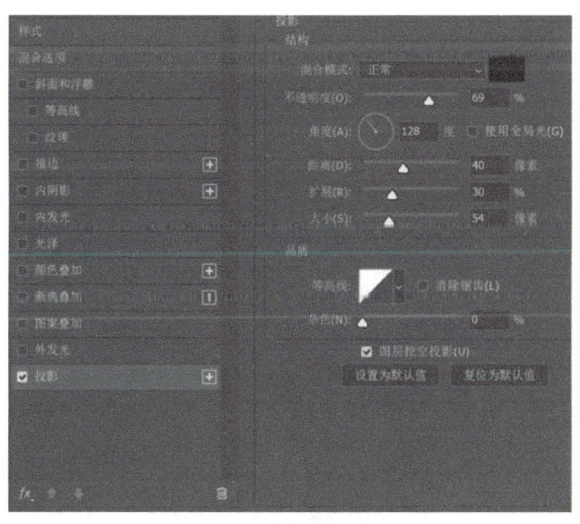

图 2-107　添加标题

（6）添加印章。新建文字图层"寻鸟"，设置"寻鸟"字体为"浩然手书"，然后将印章素材拖入画面中，放置在目标位置，即标题的右下角位置，完成印章的设计，如

图 2-108 所示。

（7）添加副标题。输入文字"大好江右 最美寻乌"，将字号设置为"24pt"，放置在广告顶端左右两侧位置。然后进行广告视觉元素的排版，按"Ctrl+R"组合键选择标尺工具，调整元素位置，查看作品效果，完成作品 1 的设计与制作，最后导出作品，如图 2-109 所示。

图 2-108 添加印章

图 2-109 添加副标题并排版

（8）新建项目 2，设置宽度为"29.7"厘米，高度为"42"厘米，分辨率为"300"像素/英寸，"RGB 颜色"模式，命名为"作品 2"，如图 2-110 所示。

（9）填充背景色。新建图层，设置颜色值为（193,158,213）（228,208,154），选择渐变工具下的线性渐变，设置模式为"正常"，不透明度为"100"%，再从上向下拖动鼠标进行颜色填充，如图 2-111 所示。

图 2-110 新建项目 2

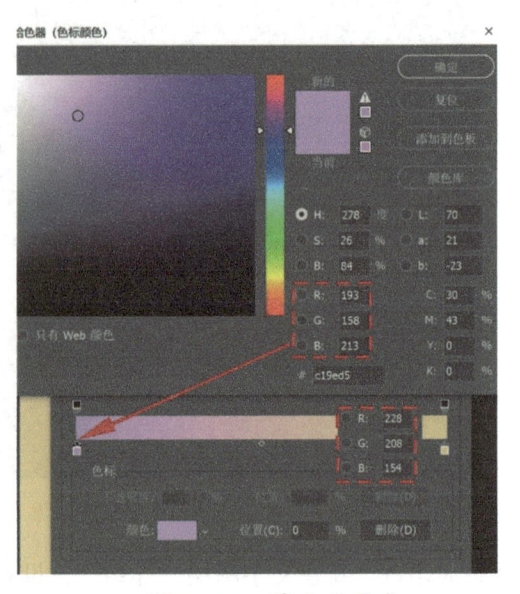

图 2-111 填充背景色

（10）绘制地面图形。新建图层，使用钢笔工具绘制出地面的形态，然后将其转换为选区进行渐变填色，设置颜色值为（193,158,213）（228,208,154），再使用加深或减淡工具进行明暗的调整，如图 2-112 所示。

（11）绘制松树图形。新建图层，使用多边形工具绘制出三角形，然后进行等比缩放，再栅格化图层，使用矩形选框工具将三角形一分为二。添加松叶颜色，设置红色松叶颜色值为（211,95,69），按快捷键"G"填充颜色。将黄色松叶颜色从左到右设置为（213,125,58）（228,208,154）（244,220,155），使用渐变工具进行填色，如图 2-113 所示。

图 2-112　绘制地面图形

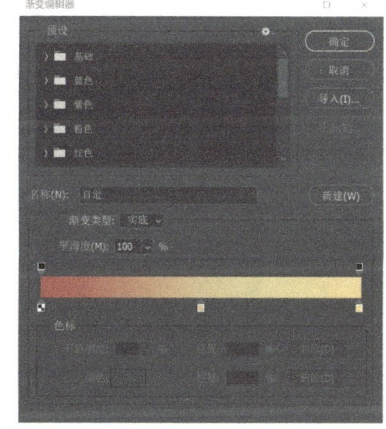

图 2-113　绘制松树图形

（12）绘制树根图形。新建图层，使用矩形工具绘制出树根形状，进行复制，然后分别进行颜色填充，设置颜色值分别为（149,97,52）（177,129,71），如图 2-114 所示。

（13）调整单个松树图形的大小及细节，按"Ctrl+G"组合键编组，完成松树形态的设计，如图 2-115 所示。

图 2-114　绘制树根图形

图 2-115　调整单个松树图形的大小及细节

（14）复制已经完成的松树图层，使用加深或减淡工具处理画面的明暗程度。将每个图层逐一调整后放置在目标位置，后续步骤只需等比缩放重复操作即可。注意：此部分图层较多，建议对图层进行编组，方便后续作品的调整，松树 3 的摆放顺序需注意，如图 2-116 所示。

（15）添加天空颜色。新建图层"天空"，选择渐变工具，设置前景色的颜色值为（193,158,213），背景色为透明，进行直接填充，如图 2-117 所示。

图 2-116　复制松树图层　　　　图 2-117　添加天空颜色

（16）添加标题。新建文字图层"松树"，设置"松树"字体为"演示佛系体"，字号为"175pt"，将其摆放到目标位置后，为文字添加图层样式"投影"效果。在"投影"选项中进行以下设置：混合模式为"正常"，颜色值为（236,91,102），不透明度为"69"%，角度为"128"度，距离为"40"像素，扩展为"30"%，大小为"54"像素，品质为"等高线"，杂色为"0"%，并勾选"图层挖空投影"复选框，如图 2-118 所示。

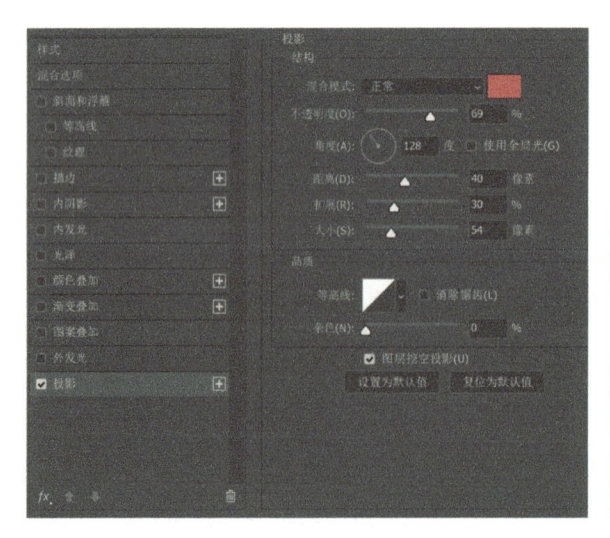

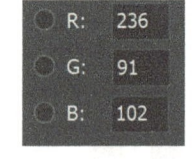

图 2-118　添加标题

（17）添加印章。新建文字图层"寻鸟"，然后将印章素材拖入画面中并移动到目标位置，如图 2-119 所示。

（18）添加副标题。输入文字"大好江右 最美寻鸟"，设置字号为"24pt"，放置在广告顶端左右两侧位置，完成作品 2 的设计与制作，如图 2-120 所示。

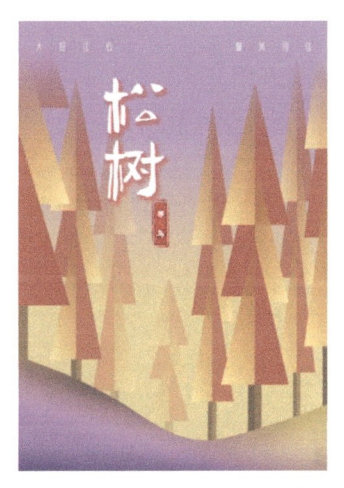

图 2-119　添加印章　　　　图 2-120　添加副标题并排版

课题与训练

查找、搜集不同主题的网络广告案例，对其设计特点进行归纳、总结。

具体要求：

（1）分别从图形、文字、色彩、表现形式等不同角度对案例进行分析。

（2）以 Word 文档的形式提交。

第三章

网络广告主题表现

知识目标

让学生对网络广告在计算机及移动端的表现有一定的认知,掌握网幅广告、电子邮件广告、引导页广告、App 广告的设计方法。

素质目标

培养学生在事例、事情的分析或实践中,运用新知、发现新知、探索未知的能力。

能力目标

通过网络广告的具体应用知识,能够根据不同的主题进行较好的载体设计。

第一节 网幅广告

一、网幅广告版式设计

随着电子商务行业的发展,网幅广告在计算机互联网平台上的更新速度越来越快,已经成为网络广告设计师日常的工作内容之一。网幅广告的主要表现及核心使命是突出广告的信息内容,吸引用户的注意力,促使用户关注并点击。

因为每个网站的页面空间不同,所以广告位的尺寸也有所不同。网幅广告除最常见的486像素×60像素尺寸以外,主要还有以下几种表现形式及尺寸。

1. 网幅广告的表现形式及尺寸

(1)横版巨幅广告。这种广告主要有两种尺寸,分别是950像素×480像素(页面宽为950像素)、760像素×480像素(页面宽为760像素)(见图3-1)。它的表现形式为打开网页时会广告瞬间出现,若干秒后会自动消失。

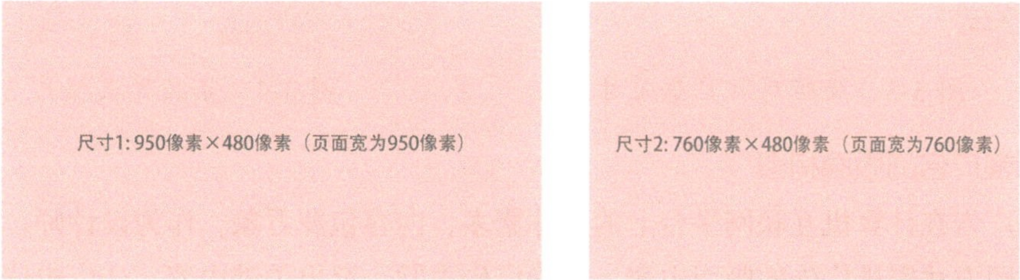

图 3-1　横版巨幅广告尺寸

(2)横版通栏广告。这种广告主要有三种尺寸,分别是760像素×100像素(页面宽为760像素)、950像素×100像素(页面宽为950像素)、950像素×60像素(页面宽为950像素)(见图3-2)。它是出现在网页中的一种横幅Banner广告,表现形式是可以轮换播放广告,但不可以关闭。

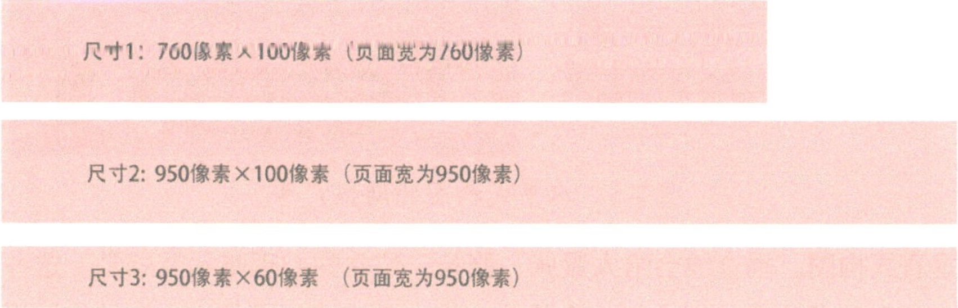

图 3-2　横版通栏广告尺寸

(3)竖版对联广告。这种广告的尺寸是270像素×120像素(竖版)或120像素×

270像素（横版）（见图3-3）。它是在网页两侧成对出现的广告，类似于"对联"，通常情况下广告的播放内容可以轮换，也可以关闭。

（4）竖版摩天楼广告。这种广告主要有两种尺寸，分别是130像素×300像素、160像素×260像素（见图3-4）。它是形似"摩天楼"的矩形广告，通常情况下会出现在网页的两侧，广告内容可以变换，但不可以关闭。

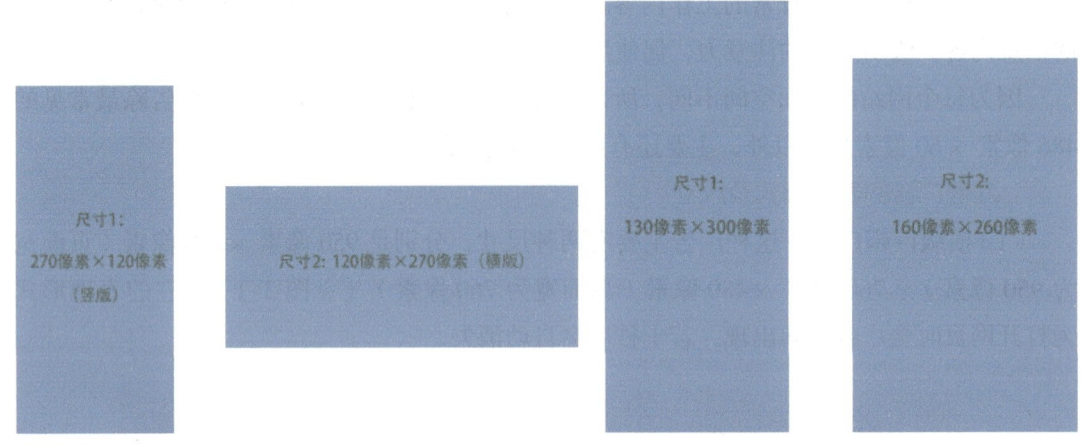

图3-3　竖版对联广告尺寸　　　　图3-4　竖版摩天楼广告尺寸

2. 网幅广告的版面构图

网幅广告在计算机互联网平台上的尺寸繁多，内容包罗万象，作为设计师，只有合理地利用构图方法安排广告的版面内容，明确广告主题，突出关键内容，让广告信息层次分明，才能更好地增强广告的投放效果，突出广告的含义。

（1）水平式构图。这种构图方式可以给人平静、舒适、开阔、延伸的心理暗示及感觉。要注意的是，水平式构图会让画面有一种平静感，所以广告中的背景元素不要太复杂和跳跃，简约设计的背景可以更好地突出广告主体及标题（见图3-5）。

图3-5　水平式构图的网幅广告

（2）垂直式构图。垂直线会给人紧张、修长、伫立的心理暗示及感觉。这种构图方式比较适用于竖长型的商品或以人物为主体的广告。垂直式构图的广告能够使被摄景物在画面中表现出富有气势的感觉，所以应当注意广告中文字的编排方式，用横向方式去排列文字能够更好地衬托广告中的主体（见图3-6）。

第三章
网络广告主题表现

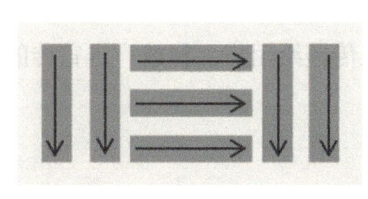

图 3-6　垂直式构图的网幅广告

（3）斜线式构图。斜线会给人变化、不稳定、运动的心理暗示及感觉。这种构图方式能够让画面产生动感，比较适合表现一些有活力的广告设计。斜线式构图画面的动感程度与角度有关，版面元素排列的角度越大，动感就会越强烈，但是应当注意角度的倾斜不能超过45°，否则就会使版面有倾斜的感觉。同时，也要注意文字的编排方向，应配合广告中的主体图形、图像设计（见图3-7）。

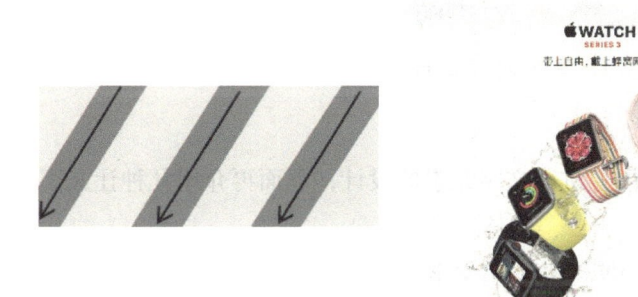

图 3-7　斜线式构图的网幅广告

（4）放射式构图。这种构图方式主要是为了追求画面发散、律动的效果，通过中心向四周发散的方式可以自然地集中用户注意力，起到聚焦的作用。这种表现会让版面繁杂的元素有一种扩张感，营造出一种开放性的跃动效果及气氛（见图3-8）。

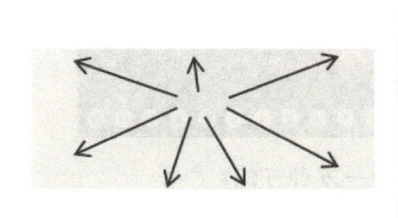

图 3-8　放射式构图的网幅广告

67

二、网幅广告主元素设计

为了让广告达到预期的效果和目的，运用图形、图像将商品以具体化的视觉形象表现出来，与文字结合，吸引用户的注意力，将信息传递给用户，释放广告宣传的感染力，激发人们的好奇心。

1. 图形、图像设计

图形或图像是广告设计中的重要视觉元素。网幅广告中的主体元素通常为商品图片。由于页面空间有限，主体视觉元素不宜过多，如果版面中需要有多个主体视觉元素出现，也要根据广告主题及内容去统一版面的设计风格，做到视觉语言的统一（见图3-9）。

图3-9　当当网《我和春天肩并肩》童书广告

2. 文字设计

可以参照之前学过的内容进行文字元素的设计，下面再介绍几种让文字在版面中突出显示的设计方法。

（1）利用文字和背景的明度差突出文字。在对文字进行设计时，可以利用色彩的明度变化去影响用户。利用色彩的明度差对文字颜色及广告背景颜色进行明度的调整及设计，可以有效地突出广告的主题，让用户明确广告的内容（见图3-10）。

图3-10　当当网《人生的一万种可能》广告

（2）利用投影突出文字。常用的字体效果在广告设计中很难发挥设计的创意性。作为专业的设计人员，可以利用软件让文字有受光线照射所产生的阴影效果。但是在进行文字投影效果制作时，需要考虑广告版面的背景颜色，根据背景颜色来确定文字投影的色彩（见图 3-11）。

图 3-11　当当网《用文学守望春天》69 周年庆典广告

（3）利用描边突出文字。文字的描边形式有很多，如空心描边、实心描边、阴影描边、重叠描边、错位描边、负形描边、局部描边、立体描边、概括描边等。

通过对文字添加描边效果，可以有效地突出广告标语。描边的粗细、描边的色彩及所使用的字体都会对文字的描边效果产生影响。一般情况下，较细的字体不适合进行描边设计，如仿宋、宋体等。需要注意的是，文字的粗描边要比细描边更明显，更容易有突出的视觉效果（见图 3-12）。

图 3-12　当当网《新书速递 3 月号》广告

三、网幅广告背景设计

网幅广告背景是网络广告的大环境，主要起到烘托广告版面氛围的作用。作为专业的设计人员应当注意要根据不同的广告内容去设计广告的背景。

在进行背景设计时要确保背景完整，画面品质要有保证。例如，应用的图片不能随意拉伸或变形，图片也不能出现失真的锯齿效果或有修饰的毛边，图片颜色要处理恰当，不要过度地调整。

同时，还应注意背景并不是广告的主要视觉元素，所以在设计时不能太专注于对背景氛围的营造。要避免主要图形、图像、文字元素被淹没在背景中而无法突出的现象。良好的背景设计会丰富广告内容，并让版面有层次感和秩序感，能够更好地突出广告的主体，渲染广告的氛围。网幅广告的背景设计方法有很多，常见的形式有图像背景、图形背景、渐变背景（见图 3-13 至图 3-15）。

图 3-13　携程网网幅广告

图 3-14　唯品会网幅广告

图 3-15　苏宁易购网幅广告

四、课堂实例教学

实训 5　Photoshop 制作静态网幅广告

设计内容："暖意换新 甄选年货"主题网幅广告制作。

学习重点：水平式网幅广告的构图表现。

学习难点：文字效果的设计与制作。

软件版本：Adobe Photoshop 2019 for MAC。

视频 5：主题网幅广告制作

设计步骤解析

（1）新建文档，设置宽度为"486"像素，高度为"60"像素，分辨率为"72"像素/英寸，背景内容为白色，颜色模式为"RGB颜色"，将文档命名为"网幅广告设计"。

（2）新建图层，填充渐变背景，并将其命名为"背景图层"。选择渐变工具，按快捷键"G"，设置为线性渐变，单击可编辑渐变，设置色彩填充，分别设置颜色值为（255,110,2）（255,109,0）（255,255,0），如图3-16所示。

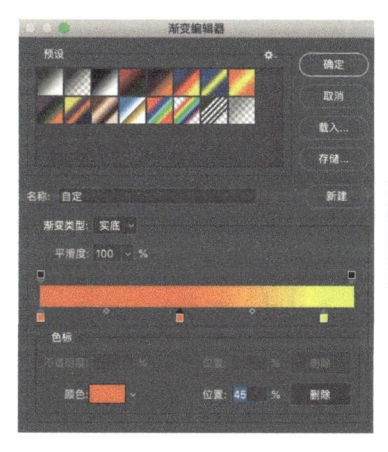

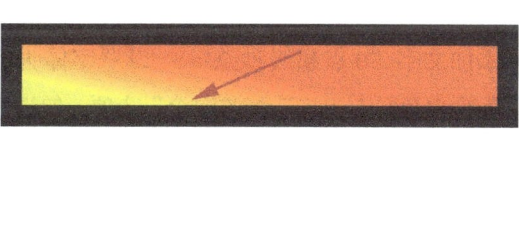

图3-16　填充渐变颜色背景

（3）添加文字。单击工具箱中的横排文字工具，输入"暖意换新　甄选年货"，设置字体为"锐字锐线怒放黑简1.0"，字号为"28点"，颜色为白色，如图3-17所示。

图3-17　添加文字

（4）给文字添加外发光效果。选中"暖意换新　甄选年货"文字图层，右击，选择"混合"选项，勾选"外放光"复选框，设置混合模式为"滤色"，不透明度为"65"%，颜色值为（251,211,217），方法为"柔和"，扩展为"55"%，大小为"18"像素，品质范围"80"%，单击"确定"按钮，如图3-18所示。

（5）再给文字添加投影效果。选择"混合"选项，勾选"投影"复选框，设置混合模式为"正片叠底"，不透明度为"100"%，角度为"90"度，勾选"使用全局光"复选框，设置距离为"1"像素，扩展为"0"%，大小为"2"像素，单击"确定"按钮，将文字放置在中间适当的位置，文字效果如图3-19所示。

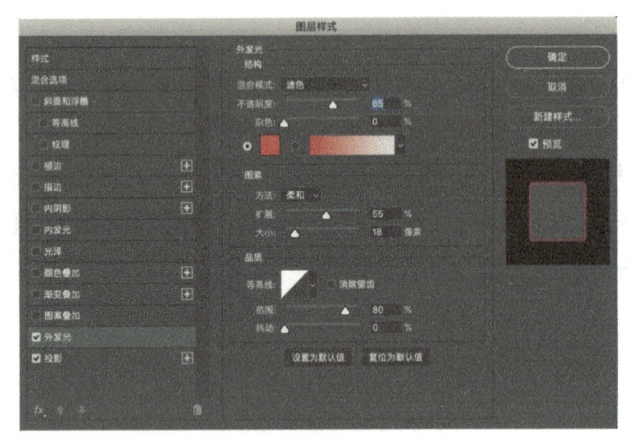

图 3-18　添加文字外发光效果　　　　　　图 3-19　文字效果

（6）添加文字"0点超级秒杀"，设置字体为"锐字锐线怒放黑简1.0"，字号为"10点"，颜色为白色。右击，选择"混合"选项，勾选"外发光"复选框，设置混合模式为"滤色"，不透明度为"65"%，颜色值为（251,211,217），方法为"柔和"，扩展为"55"%，大小为"18"像素，品质范围为"80"%，单击"确定"按钮。

（7）再给"0点超级秒杀"文字添加投影效果。选择"混合"选项，勾选"投影"复选框，设置混合模式为"正片叠底"，不透明度为"100"%，角度为"90"度，勾选"使用全局光"复选框，设置距离为"1"像素，扩展为"0"%，大小为"2"像素，单击"确定"按钮，将文字放置在右上方适当的位置，如图3-20所示。

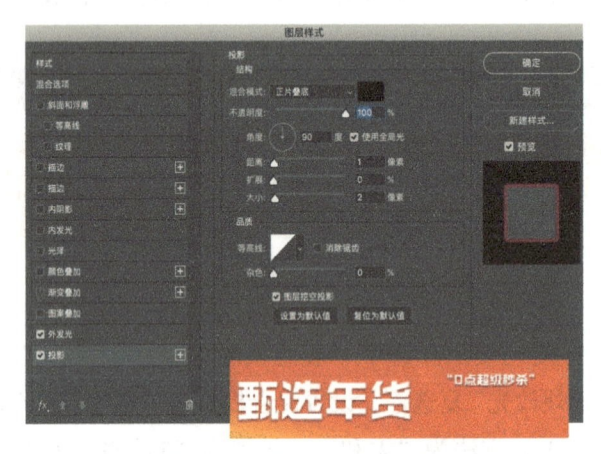

图 3-20　文字效果及位置

（8）添加文字"1月20限时开抢"，设置字体为"锐字锐线怒放黑简1.0"，字号为"10点"，颜色为黑色，将文字放置在"0点超级秒杀"下方，如图3-21所示。

（9）在工具栏中选择圆角矩形工具绘制一个圆角矩形，并将图形放置在"1月20限时开抢"文字下方，如图3-22所示。

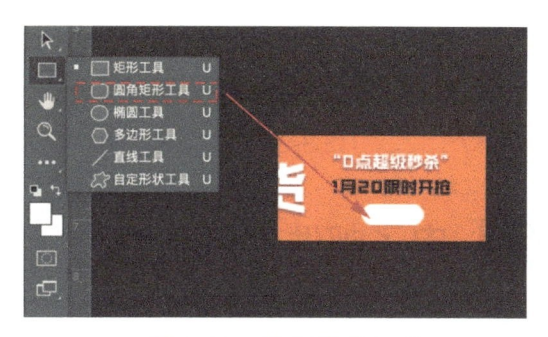

图 3-21　添加文字　　　　　　　图 3-22　绘制圆角矩形

（10）给圆角矩形添加效果。右击，选择"混合"选项，勾选"斜面和浮雕"复选框，设置样式为"外斜面"，方法为"平滑"，深度为"147"%，方向为"上"，大小为"2"像素，锐化为"0"像素。再勾选"投影"复选框，设置混合模式为"正常"，不透明度为"11"%，角度为"90"度，勾选"使用全局光"复选框，设置距离为"1"像素，扩展为"0"%，大小为"2"像素，单击"确定"按钮，将图形放置在"1月20限时开抢"文字下方位置，如图 3-23 所示。

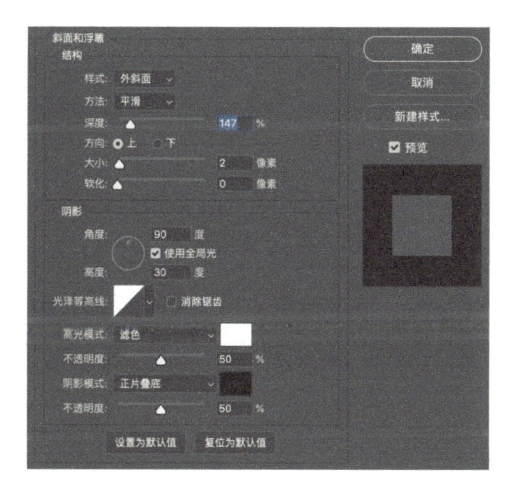

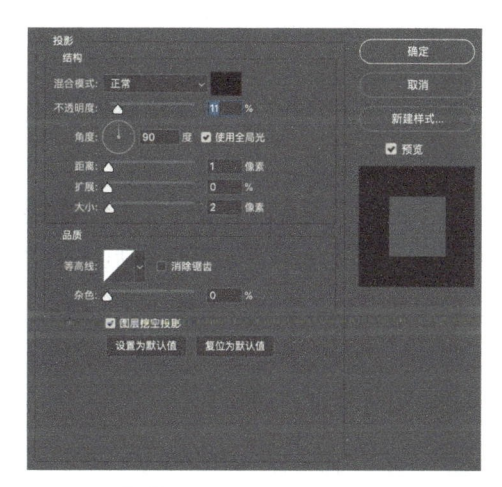

图 3-23　给圆角矩形添加效果

（11）添加"立即抢购"文字，设置字体为"黑体–简"，字号为"6.5 点"，颜色为黑色，将文字放置在圆角矩形上，如图 3-24 所示。

图 3-24　添加"立即抢购"文字

（12）置入小牛卡通图片素材，调整大小，放置在画面的左侧，再整体调整其他元素位置，查看效果，完成网幅广告的制作，如图 3-25 所示。

图3-25 "暖意换新 甄选年货"网幅广告

第二节 电子邮件广告

经过长期大量的实践证明，通过电子邮件发送的广告可以有效地吸引用户的注意力，用户通过会员登录可以获得某些广告活动的推广及产品推荐，可以说电子邮件广告是最具效果的网络广告形式之一。

一、电子邮件广告的特点

1. 具有针对性

电子邮件广告的针对性是指它可以让企业针对具体的用户或某一特定的用户进行特定广告的发送。电子邮件广告的内容可以是广告的全部信息，也可以在广告中穿插一些实用的相关信息。它可以一次性地将广告信息传播出去，也可以多次或定期传播广告内容。通常情况下，它需要在网络用户同意后加入电子邮件广告列表中接收广告信息，没有经过用户同意发送的电子邮件广告会被视为"垃圾邮件"。

2. 具有交互性

电子邮件广告是以电子邮件为传播载体的一种网络广告形式，它不同于传统纸媒类广告，实际上它是在一个个微型网站中进行广告内容宣传的。在传播广告信息时，它会利用良好的视觉设计去突出广告的重点，吸引用户的注意力，及时与用户进行交互活动。因此，电子邮件广告所具备的交互性特点会让消费者产生足够的兴趣去点击"访问"按钮，从而跳转到邮箱外部进行访问。

二、电子邮件广告的优势

1. 节约成本

电子邮件广告在进行广告投放前会对收件人的年龄、性别、学历、工作情况等进行设定。通过设定可以准确地圈定目标消费群体，针对具体消费群体投放广告，可以减少不必要的、非目标市场广告费用的投入。

2. 简单快捷

相对于传统媒介广告形式，电子邮件广告的制作及维护更加简单、快捷。传统纸媒类广告或电视广告在设计周期和成本的投入上都比电子邮件广告要多。传统媒介广告作品制作完成后，如果想要重新修改广告主题或内容，就必须重新设计、制作或拍摄，过程比较复杂，需要投入更多的成本和时间。但是电子邮件广告像其他网络广告一样制作便捷，可以在短时间内修改设计方案,然后及时交给技术人员进行投放,整个操作过程简捷便利,可以为广告主节省大量的设计时间和投放成本。

3. 覆盖率高

电子邮件广告在发送后会长时间地保存在目标群体的邮箱中,直到被用户删除,这就意味着电子邮件广告对目标市场投放的覆盖率比较高,它不会因为目标群体的习惯而遗漏在活动期间对广告的投放。

三、电子邮件广告的尺寸

随着计算机技术的不断发展,屏幕的尺寸和分辨率开始有了更多的变化,但是这对于电子邮件并未产生影响,电子邮件的宽度始终没有改变。通常情况下,电子邮件客户端所显示的消息都会存在于相对狭小的窗口中。当用户打开电子邮件后,除了浏览器的滚动条、顶部的栏目、邮箱两侧的"收件箱"等选项,中间区域的正文空间是有限的。

为了保证电子邮件广告内容能够在大多数计算机设备中显示可见,电子邮件广告的尺寸通常为 550～650 像素,布局宽度最好是 600 像素(见图 3-26)。

四、电子邮件广告主元素设计

1. 字体设计

电子邮件的正文部分通常是 HTML 编码的内容,主要是为了配合不同的浏览器、计算机和移动设备、电子邮件客户端的需要。因此,电子邮件中除了部分标题文字和图像可以自定义,在对电子邮件广告正文部分内容进行文字设计时一定要考虑是否能够供用户选择,以及文字的复制功能是否具备兼容性。如果电子邮件正文中使用了非系统自带的字体,当用户打开电子邮件时,非系统自带字体可能会丢失而转用其他字体。MAC、Windows 计算机安装的常用字体有黑体、宋体、微软雅黑、ARIAL 等(见图 3-27 和图 3-28)。

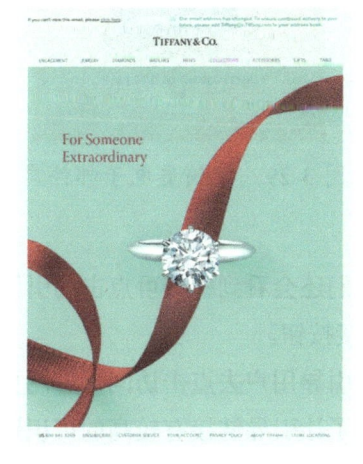

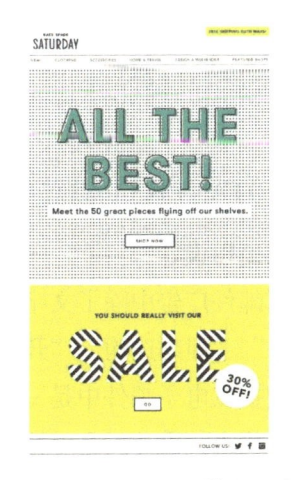

图 3-26　TIFFANY & Co. 品牌电子邮件广告 1　图 3-27　Kate Spade 品牌电子邮件广告

2. 头部图片设计

电子邮件的头部图片设计是有效传递广告信息的画面部分，在设计时需要注意能在最短的时间内将电子邮件广告中的信息呈现出来，引起用户对广告的兴趣，让用户有兴趣拖动滚动条浏览广告内容。

随着设计的发展，电子邮件广告的版式开始发生变化，部分电子邮件广告版式设计开始趋向于招贴设计形式，没有头部图片的设计。招贴形式的电子邮件广告可以让用户对重要信息进行准确地捕捉和获取，更容易引导用户去浏览广告内容，由邮箱内部跳转到邮箱外部网页进行商品的浏览和购物。

如图 3-29 所示的电子邮件广告通过对文字和色彩的设计使版面充满活力。引人注目的色彩有效地吸引了用户注意力，类似招贴的表现手法将广告信息直观地呈现在用户面前，在简洁的设计中有效地指引用户进行快速行动。

图 3-28　TIFFANY & Co. 品牌电子邮件广告 2　　图 3-29　促销类电子邮件广告

3. 引导链接设计

在电子邮件广告中除了文字和图片的设计，我们还会看到一些可点击的引导链接，如"现在购买""即刻选购""开始""进入"等链接按钮。

这些链接在电子邮件中是一种呼叫行为，它会引导用户去点击访问外部网页。因此，在对引导链接进行设计时会以按钮形式来表现。为了让引导链接有较高的可识别性，在设计时可以选择不同的颜色去突出按钮，这样会有助于提升用户的视觉舒适度。

4. 页脚设计

页脚位于电子广告邮件底部区域。通常情况下，用户会在页脚中查找重要信息，如免责声明、相关资源、版权声明、退订链接、联系方式、转发给朋友等链接。

五、课堂实例教学

实训 6　Photoshop 制作电子邮件广告

设计内容："ABC 学英语"电子邮件广告制作。

学习重点：分割文字效果的设计制作。

学习难点：引导链接按钮的设计制作。

软件版本：Adobe Photoshop 2019 for MAC。

设计步骤解析

（1）新建文档，设置宽度为"550"像素，高度为"550"像素，分辨率为"150"像素/英寸，背景内容为白色，颜色模式为"RGB 颜色"，将文档命名为"电子邮件广告设计"。

（2）新建图层，命名为"底层"，设置颜色值为（0,104,183），按快捷键"G"进行填充，如图 3-30 所示。

（3）添加文字。单击工具箱中的横排文字工具，输入大写字母"ABC"，设置字体为"Arial Black"，字号为"35 点"，颜色为白色，如图 3-31 所示。

图 3-30　填充底层颜色　　　　图 3-31　添加文字

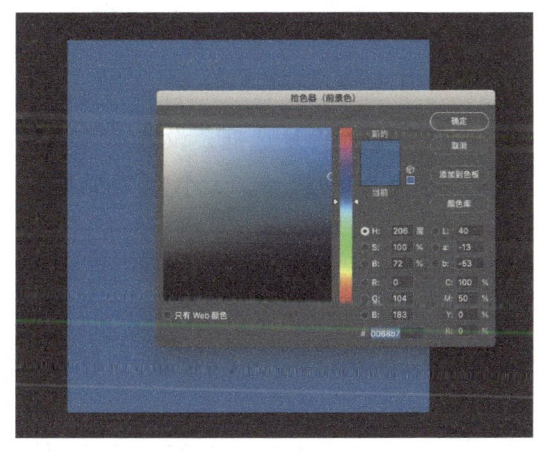

（4）单击"ABC"文字图层，右击，选择"栅格化文字"命令，如图 3-32 所示。

（5）在工具栏中选择多边形套索工具，按快捷键"L"，创建选区，如图 3-33 所示。

（6）移动选区，按"Ctrl+I"组合键复制选区。再一次选择多边形套索工具，返回"ABC"文字图层将多余的部分删除，将"ABC"字母分成上下两个部分，使每个部分在不同图层，如图 3-34 所示。

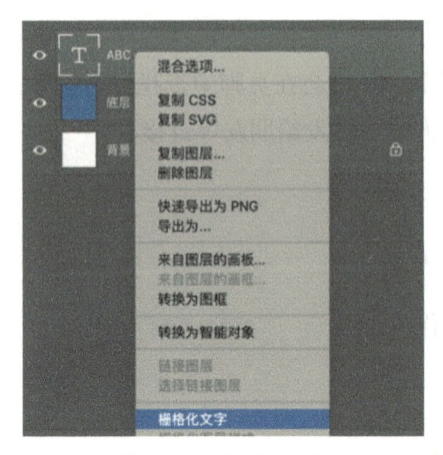

图 3-32　栅格化文字　　　　　　　图 3-33　创建选区

（7）再次创建选区，然后单击"底层"图层，按"Ctrl+I"组合键复制选区，并将其命名为"底层 2"，如图 3-35 所示。

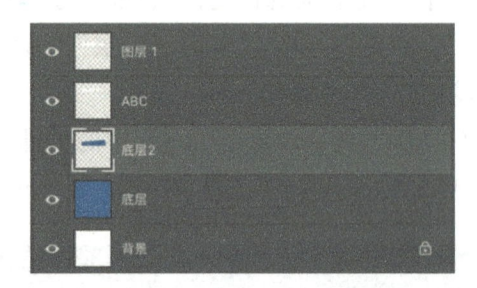

图 3-34　移动选区并分层　　　　　图 3-35　复制底层选区部分

（8）添加投影效果。双击"底层 2"图层，勾选"投影"复选框，设置不透明度为"90"%，角度为"-110"度，距离为"30"像素，扩展为"25"%，大小为"160"像素，单击"确定"按钮完成设置，如图 3-36 所示。

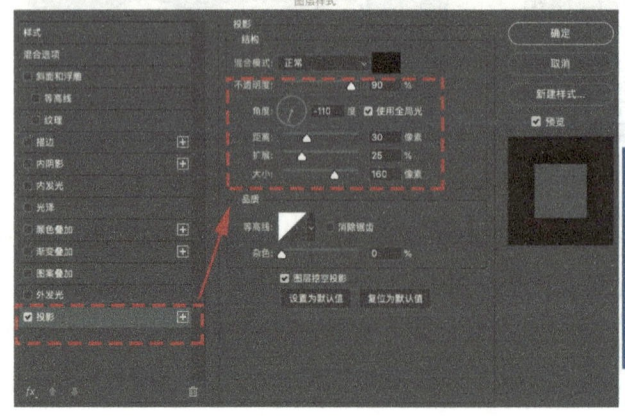

图 3-36　添加投影

第三章
网络广告主题表现

（9）将鼠标移动至投影效果处，右击，选择"创建图层"命令，生成"底层 2"的投影图层，如图 3-37 所示。

（10）完成分割文字效果。先给"底层 2"投影图层添加蒙版，然后在工具栏中选择画笔，设置颜色为黑色，擦掉画面中多余的部分，如图 3-38 所示。

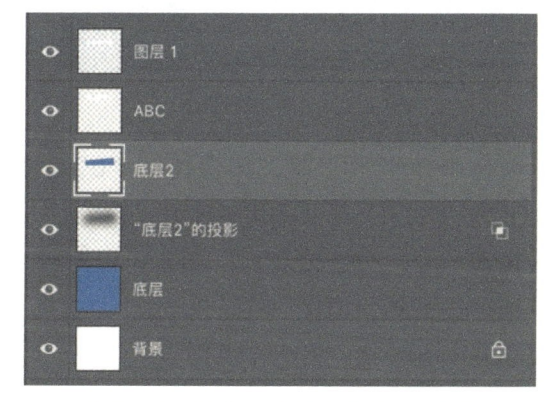

图 3-37　创建"底层 2"投影图层

图 3-38　完成分割文字效果

（11）在工具栏中选择横排文字工具，按快捷键"T"，输入文字"学英语"，设置字体为"锐字锐线怒放黑简 1.0"，字号为"28 点"，颜色为白色，放置在字母"ABC"下方，如图 3-39 所示。

（12）绘制两个矩形，设置第一个矩形的颜色值为（243,152,0），按快捷键"G"填充颜色。第二个为矩形线框，设置形状描边，宽度为"2"像素，颜色为白色，再调整矩形线框的大小，放置在第一个矩形下方，形成叠加效果，并与上方文字左右对齐，如图 3-40 所示。

图 3-39　"学英语"文字设置

图 3-40　绘制两个矩形

（13）添加文字及效果。选择横排文字工具，输入 "帮助孩子提升阅读写作成绩"文字。选择"混合"选项给文字添加效果，勾选"投影"复选框，设置混合模式为"正片叠底"，不透明度为"100%"，颜色值为（235,97,0），角度为"92"度。勾选"使用全局光"复选框，再设置距离为"2"像素，扩展为"0"%，大小为"0"像素，单击"确定"按钮完成设置，如图 3-41 所示。

（14）再次添加文字，输入内容分别是"三年内无限次回放观看 ¥500"和"该课程为特惠直播体验课（适合 1-5 年级学生）"。设置字体为"宋体－简"，字号为"4 点"，

79

颜色为白色，放置在画面适当位置并与上面的文字居中对齐，如图 3-42 所示。

图 3-41　添加文字及效果

图 3-42　再次添加文字

（15）制作引导链接按钮。在工具栏中选择圆角矩形工具，按快捷键"U"。在"属性"面板中对其进行设置，设置颜色值为（235,97,0），形状描边宽度为"3 像素"，W 为"80 像素"，H 为"30 像素"，X"236 像素"，Y"482 像素"，如图 3-43 所示。

（16）给按钮添加斜面和浮雕效果。选择"混合"选项，勾选"斜面和浮雕"复选框，设置样式为"内斜面"，方法为"平滑"，深度为"501"%，方向为"上"，大小为"1"像素，软化为"0"像素，"阴影"角度为"92"度，高度为"32"度，高光模式为"滤色"颜色为白色，不透明度为"50"%，正片叠底的不透明度为"50"%，单击"确定"按钮完成设置，如图 3-44 所示。

图 3-43　绘制圆角矩形

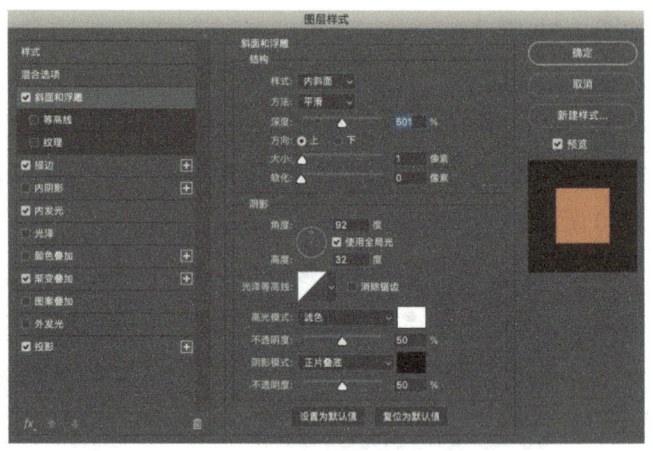

图 3-44　按钮斜面和浮雕效果设置

（17）给按钮添加描边效果。选择"混合"选项，勾选"描边"复选框，设置大小为"1"像素，位置选择"内部"，混合模式为"正常"，不透明度为"100"%，颜色值为（172,121,105），单击"确认"按钮，如图 3-45 所示。

（18）给按钮添加内发光效果。勾选"内发光"复选框，设置混合模式为"滤色"，不透明度为"100"%，杂色为"0"%，颜色值为（254,218,164）。设置"图素"中的阻塞为"0"%，大小为"6"像素。勾选"边缘"复选框，再设置"品质"中的范围为"50"%，抖动为"0"%，单击"确定"按钮，如图 3-46 所示。

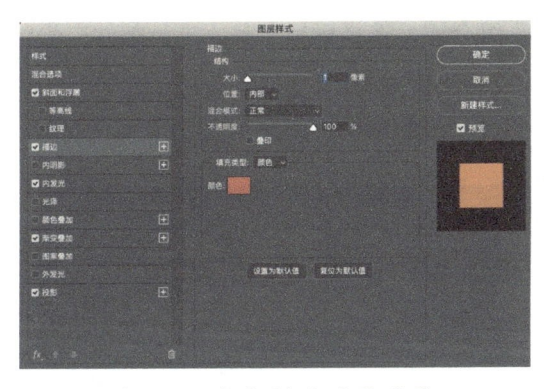

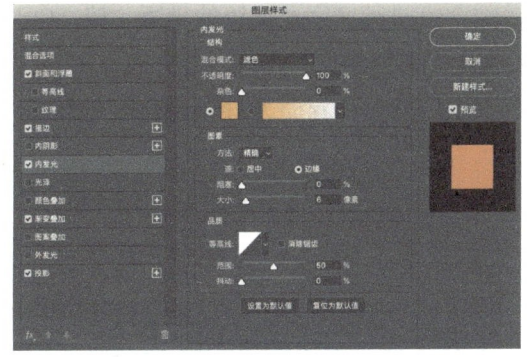

图 3-45　按钮描边效果设置　　　　　图 3-46　按钮内发光效果设置

（19）给按钮添加渐变叠加效果。勾选"渐变叠加"复选框，设置混合模式为"正常"，不透明度为"100"%，渐变颜色值为（241,145,73），样式为"线性"。勾选"与图层对齐"复选框，设置角度为"90"度，重置对齐，缩放为"100"%，单击"确认"按钮，如图 3-47 所示。

（20）给按钮添加投影效果。勾选"投影"复选框，设置混合模式为"正片叠底"，颜色为黑色，不透明度为"100"%，角度为"92"度。勾选"使用全局光"复选框，设置距离为"1"像素，扩展为"0%"，大小为"0"像素，单击"确定"按钮，如图 3-48 所示。

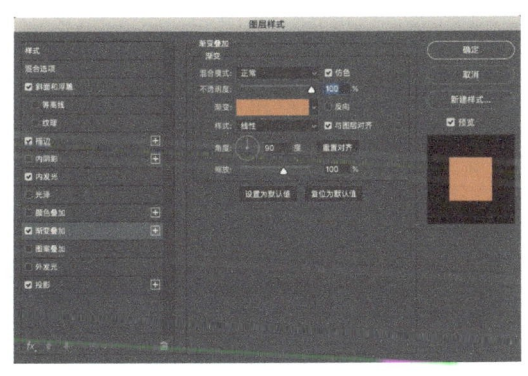

图 3-47　按钮渐变叠加效果设置　　　　图 3-48　按钮投影效果设置

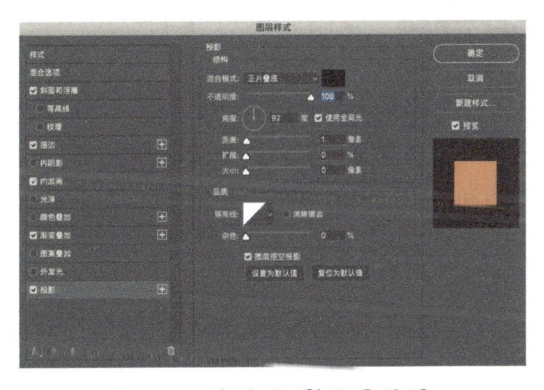

（21）引导链接按钮立体效果制作完成，效果如图 3-49 所示。

（22）添加按钮文字。在工具栏中选择横排文字工具，输入"立即购买"文字。设置字体为"锐字锐线怒放黑简 1.0"，字号为"3 点"，颜色为白色。将文字放置在按钮中间，完成引导链接按钮的制作，如图 3-50 所示。

图 3-49　按钮立体效果　　　　　　图 3-50　添加按钮文字

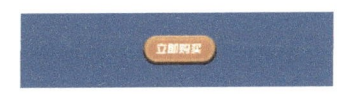

（23）进行文字及按钮的排版。按"Ctrl+R"组合键，选择标尺工具，进行邮件广告版面视觉元素的编排，完成后合并所有图层，如图 3-51 所示。

（24）将文档存储为 JPEG 格式，完成电子邮件广告的制作，如图 3-52 所示。

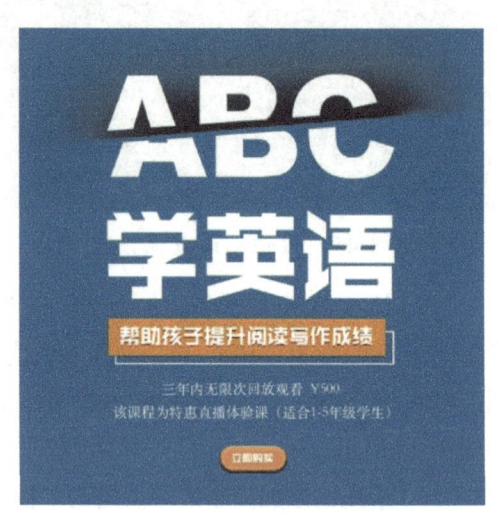

图 3-51　文字及按钮的排版　　　　图 3-52　完成电子邮件广告的制作

第三节　引导页广告

引导页是用户首次进入 App 之前出现的引导提示页面，页面数量通常为两屏或以上，可进行滑动观看。它的主要功能是引导用户快速、愉悦地进入 App，是对 App 产品本身的介绍和应用指引。

一、引导页广告类型

优秀的引导页设计能够激发用户对产品的好奇心，对产品产生深刻的印象，并吸引用户使用 App 产品。根据引导页功能和目的的不同，可以将其划分为以下三类。

视频 6：引导页设计类型

1. 功能介绍类

功能介绍类的引导页类似于生活中见到的"产品说明书"。每个页面都会通过简单的图形和简短的文字进行搭配设计，侧重对产品功能和使用方法的展示，以清晰、易懂的方式对产品的功能优势进行直观的宣传，使用户能够快速、准确地了解产品功能并使用（见图 3-53）。

在设计此类引导页时，切忌使用花哨的视觉效果，对于色彩、文字、图形的设计应以突出产品的功能为主要目的，要能准确传递出 App 产品的特性。

图 3-53　糯米 App 引导页广告

2. 品牌理念类

品牌理念类引导页设计比较注重对页面氛围的渲染，会通过叙述或展示一个小故事来让用户去感受产品的内在情感，比较注重场景感设计，会有沉浸式体验，能够与用户产生情感共鸣，比较侧重对产品态度的宣传，能起到传播企业精神、品牌文化，树立良好企业形象的作用（见图 3-54）。

3. 推广运营类

推广运营类引导页设计比较侧重突出产品价值和特性。它的表现形式类似于产品的系列海报，页面中的文字会清晰、明确地指向产品的特性和用户的需求。所以在设计时，要切合实际地从 App 产品的功能和新特性去考虑、去表现，突出产品正在进行的推广活动或新功能，要注重时效性（见图 3-55）。

图 3-54　链家 App 引导页广告　　　　图 3-55　网易云音乐 App 引导页广告

二、引导页广告设计

引导页虽然是整个 App 设计的一部分，但好的产品往往能以小见大，在细节上去彰显品质。为了吸引用户的注意力，给用户留下好的第一印象，App 的引导页在设计、制作等方面也越来越精美。

1. 引导页广告的表现方式

（1）文字与界面组合。文字与界面组合是引导页最常见的一种设计方法，属于文字与App界面立体组合的一种方式。将体现产品功能的界面与简洁的文字进行组合，直观地展示出产品界面的内容。

这种表现方式的优点是页面信息的承载量会大一些，表现较丰富；缺点是引导页所呈现的界面展示千篇一律，容易引起用户的反感，导致用户快速跳过，难以达到预期的广告效果（见图3-56）。

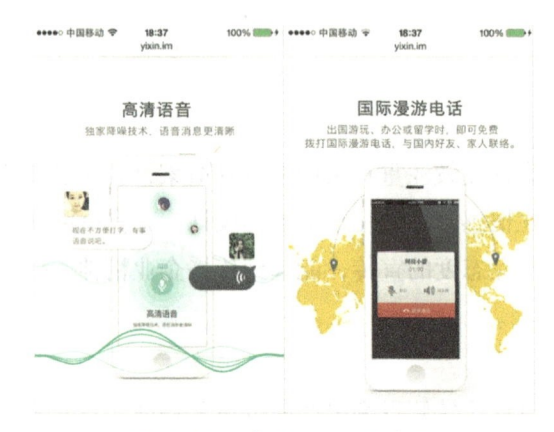

图 3-56　易信 App 引导页

（2）文字与插画组合。这种表现方式是目前引导页设计中最常见的形式之一，它可以引发用户对App产品的兴趣，因为插画的表现形式比较丰富，创新性也比较强。页面设计以卡通人物或场景为主、文字为辅，会让页面效果有新意，也会加强页面的视觉冲击力，使产品更具亲和力（见图3-57）。

图 3-57　聚美优品 App 引导页

（3）文字与照片的情景渲染。因为照片光影变化多，又具有空间感，所以画面的层次性要比插画更加丰富。将照片与文字进行组合设计，会让页面有真实的意境感，用户在浏览时也会有身临其境的感觉。这种表现方式能够激发用户对产品的好奇心，让用户对产品有更多的想象空间（见图3-58）。

图 3-58 "食色誌" App 引导页

2. 引导页广告设计原则

（1）文字层级设计。引导页的文字内容应该言简意赅，在单个页面中的字数不宜过多，过多的文字会让用户出现记忆偏差，容易遗忘。所以每页启动画面通过精炼的文字去表达一个目的、表达一种诉求，才能更好地突出广告的核心。

通常情况下，可以将引导页的文字内容进行层级的划分，主要有两个层级表现：主标题与副标题。通过字体、字号对主标题和副标题进行区分，如果主标题文案复杂，表达起来困难，这时就可以使用具有辅助意义的副标题来进行小段文字的补充和解释。文字层级设计能够方便用户更好地捕捉信息，也会使整个版面变得更加灵活，会让引导页的设计更加吸引人，信息传达效果会更好（见图 3-59）。

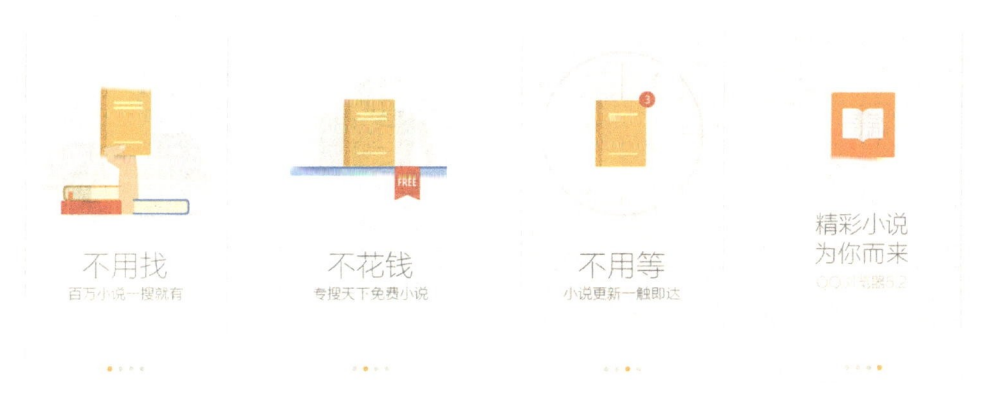

图 3-59　QQ 浏览器 App 引导页

高德地图 App 引导页就是将文字的标题进行了层级的划分，将主标题的字体、字号加粗放大，"支持快速导航"等文字作为副标题对主标题进行补充说明，通过换行的方式进行文字层级的设计，在达到版面视觉优化的同时，也突出了广告的重点内容（见图 3-60）。

图 3-60　高德地图 App 引导页

（2）视觉聚焦点设计。在引导页广告的设计中，信息不宜过多，为了能够让用户更加直观、清晰地了解广告的内容，版面中的所有元素都会围绕广告的宣传进行表现。而广告的视觉聚焦点往往会受到手机屏幕的影响，因为大多数手机采用的都是长方形的屏幕，所以，广告中视觉元素的排版通常就会采用中心扩散的方式来展现（见图 3-61）。

视觉聚焦点的排版主要注意三个方面。第一，版面元素大小的对比。要将核心文案与版面中对应的视觉元素进行层级划分，拉开对比，这样才能让用户更加清晰地了解文案的内容。第二，视觉流动的示意。要遵循视觉流动规律，一般情况下，人的视觉浏览习惯是从上至下、从左至右、从大到小地去浏览。第三，视觉中心示意。要在版面的视觉中心展现最重要的内容，在引导页的版面设计中，视觉中心的位置往往会在中心位置的上方（见图 3-62）。

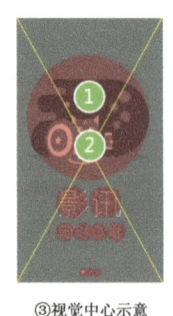

图 3-61　猫眼电影 App 引导页　　图 3-62　视觉聚焦点设计
①版面元素大小对比　②视线流动示意　③视觉中心示意

（3）页面滑动指示设计。引导页的滑动指示设计要根据页面的屏数来考量。当只有一屏页面时，只需要设置进入按钮即可，无须设计滑动指示图标；如果引导页的屏数在两屏或两屏以上，就需要设计滑动指示图标来提醒用户进行翻页浏览。

常见的滑动指示图标有两种状态表现，分别是当前浏览页面状态和非当前浏览页面状态。当用户正在浏览当前页面时，滑动指示图标就会有某种突出显示，如通过色彩、大小等视觉变化来进行状态的区分（见图 3-63）。

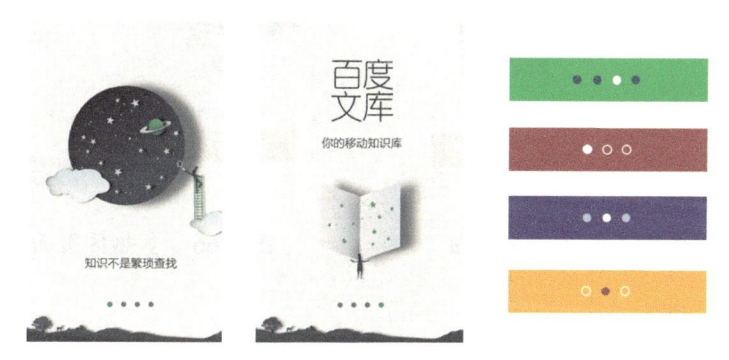

图 3-63　引导页滑动指示设计

滑动指示图标通常会放置在引导页底部中间位置。通过设计，可以对指示图标进行不同形状的设置及排列，让页面更具创意性，如选择直线、星形、数字、菱形等不同形式进行表现（见图 3-64）。

图 3-64　滑动指示图标

（4）进入按钮设计。进入按钮是在用户正式进入 App 产品时，引导页的最后一屏页面上的一个按钮，即用户浏览页面后，可以点击进入产品的一个选项。它虽然不是引导页必备的设计选项，但进入按钮能够加深用户对产品的使用印象，也会强化 App 产品的存在感。

进入按钮通常会在两种页面出现，一种是"单热区页面"，另一种是"多热区页面"。在单热区出现的进入按钮只有一个选项内容供用户点击使用，而多热区的进入按钮则可以展示多个点击内容供用户选择，如微博登录、进入前往、开启使用、用户协议等按钮选项（见图 3-65 和图 3-66）。

图 3-65　单热区页面进入按钮 　　　　　图 3-66　多热区页面进入按钮

三、课堂实例教学

实训 7　Illustrator 制作引导页广告

设计内容：手机地图 App 引导页设计。

学习重点：功能介绍类引导页的制作。

学习难点：引导页广告设计原则的运用。

软件版本：Illustrator 2019 for MAC。

设计步骤解析

（1）新建项目，设置宽度为"1242px"，高度为"2208px"，选择"RGB 颜色模式"，光栅效果为"屏幕72ppi"，并将文件命名为"手机地图 App 引导页设计"，如图 3-67 所示。

（2）绘制一个矩形，大小与背景相同，进行渐变颜色填充，设置颜色值为（255,255,255）（145,208,255），然后按"Ctrl+2"组合键，在画面中锁定矩形，如图 3-68 所示。

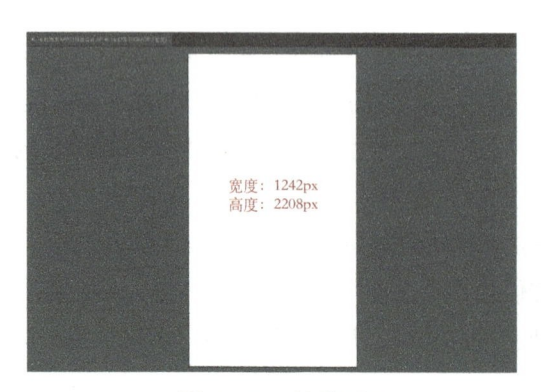

图 3-67　新建项目 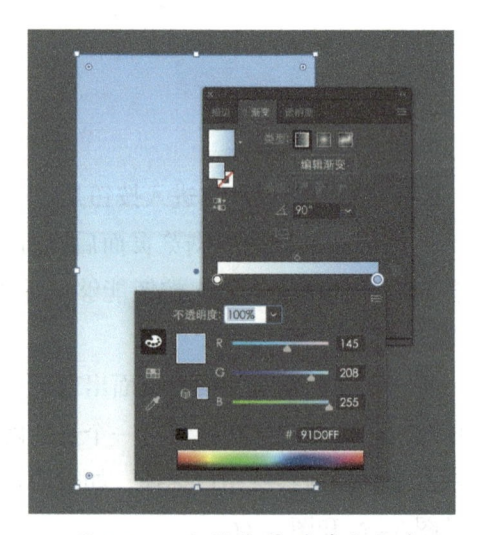　　　　　图 3-68　绘制背景并填充颜色

（3）绘制手机图形外轮廓。在工具栏中选择圆角矩形工具，设置宽度为"575px"，长度为"970px"，颜色为白色，边角类型为"圆角45px"，然后添加描边，设置颜色值（146,219,255），按"Ctrl+2"组合键，锁定外轮廓图形，如图3-69所示。

（4）绘制手机听筒。选择圆角矩形工具，设置宽度为"115px"，长度为"30px"，圆角半径为"15px"，颜色值为（226,211,195），将圆角矩形放置在手机顶端中间位置，如图3-70所示。

图3-69　绘制手机外轮廓图形　　　图3-70　绘制手机听筒

（5）绘制手机触摸屏。选择矩形工具，设置宽度为"496px"，长度为"771px"，颜色值为（226,211,195），按快捷键"G"填充颜色，将矩形放置在手机外轮廓图形中间位置偏下，如图3-71所示。

（6）添加手机界面内容。将界面内容以菜单式导航形式呈现，根据需要绘制不同大小的矩形，填充不同的颜色。将主导航矩形放置在手机界面最上方，再添加"查找地点、公交、地铁"文字，为文字创建轮廓。然后绘制搜索图标，完成后与文字一同放置在主导航的矩形框架中，按"Ctrl+G"组合键对图形进行编组，如图3-72所示。

图3-71　绘制手机触摸屏　　　图3-72　绘制手机界面内容

（7）绘制两个圆形。设置第一个圆形的宽度为"965px"，长度为"965px"，填充为白色，描边颜色值为（146,219,255），描边粗细为"20pt"。然后复制圆形，设置第二个圆形的宽度为"798px",长度为"798px",填充为白色,描边粗细为"9pt",不透明度为"30%",再与第一个圆形编组,置于手机图形的后一层,如图3-73所示。

(8)绘制坐标图形。在工具栏中选择椭圆工具绘制一个圆形,再选择钢笔工具在圆形上添加锚点,按快捷键"A",切换直接选择工具,调整锚点,设置基础坐标图形颜色值为(255,0,0)。再绘制一个白色的圆形和两个红色的圆角矩形,根据需要调整大小,放置在红色坐标基础图形的上一层。按"Ctrl+G"组合键对图形进行编组,完成坐标图形的制作,如图3-74所示。

图3-73 绘制两个圆形　　　　图3-74 绘制坐标图形

(9)绘制指南针图形。复制一个坐标图形的基础形,设置颜色值为(57,181,74)。再绘制两个三角形和一个圆环,设置颜色同为绿色,放置在指南针图形适当位置。按"Ctrl+G"组合键对图形进行编组,如图3-75所示。

(10)绘制公交车图形。分别使用圆角矩形工具和矩形工具完成,设置车窗颜色为白色,车体颜色为黄色,颜色值为(255,181,74),如图3-76所示。

图3-75 绘制指南针图形　　　　图3-76 绘制公交车图形

(11)绘制对话框图形。选择圆角矩形工具,设置宽度为"271px",长度为"127px",填充为白色,描边颜色值为(146,219,255),描边粗细为"9pt",不透明度为"100%"。再选择文字工具,分别输入"10分钟"和"3.5公里"文字,选中文本框右击创建轮廓。按"Ctrl+G"组合键对图形与文字进行编组,如图3-77所示。

（12）创建标题。选择文字工具，输入文字"开启导航搜索"，设置字体为"兰亭黑－简"，字号为"100pt"，颜色值为（81,81,81）。然后再次选择文字工具，输入文字"随时随地搜索周边"，设置字体为"华文细黑"，字号为"75pt"，颜色值为（81,81,81）。为两个文本创建轮廓，放置在引导页上方位置，居中对齐，如图3-78所示。

图 3-77　绘制对话框图形　　　　　图 3-78　创建标题

（13）制作进入按钮。选择圆角矩形工具绘制图形，设置宽度为"442px"，长度为"130px"，颜色值为（41,117,226），圆角弧度为"65px"。再次选择文字工具，输入文字"进入地图"，设置颜色为白色，字体为"兰亭黑－简"，字号为"58pt"，并创建轮廓，进行编组，如图3-79所示。

（14）制作页面滑动指示。当引导页为单屏时，将滑动指示图标调整为文字，起到提示用户跳转页面或继续浏览页面的作用。选择文字工具，输入文字"以后再说"，设置字体为"华文细黑"，字号为"45pt"，颜色值为（163,163,163），并创建轮廓，放置在进入按钮下方，居中对齐，如图3-80所示。

图 3-79　制作进入按钮　　　　　图 3-80　页面滑动指示文字

（15）进行页面版式元素的编排。对之前完成的图形及文本进行排版，选择中心对齐方式，按"Ctrl+R"组合键，选择"标尺"工具调整视觉元素间的上下距离，如图3-81所示。

（16）查看效果，完成引导页的制作，导出引导页，保存为JPEG格式，如图3-82所示。

图 3-81　页面版式元素编排　　　　　图 3-82　完成引导页的制作

第四节 App 内部广告

App 指的是移动设备第三方应用程序，英文全称是 Application。App 广告，也称 In-App 广告，属于移动广告的子类别。

随着移动互联网的发展，网络广告的舞台不断被拓展，对于品牌企业和 App 开发者来说，他们开始将消费者的注意力迁移到手机、平板电脑等移动终端，App 广告由此应运而生，并以其互动性、移动性、趣味性三大特点及优势呈现在用户面前。

一、App 内部广告类型

按照广告表现形式对 App 内部广告进行分类，主要可分为五种类型：闪屏广告、Banner 广告、插屏广告、情景导购广告、公告广告。

1. 闪屏广告

闪屏广告就是在 App 启动的过程中瞬间闪出的广告。一般情况下，展示时间为 5 秒，展示结束后会自动关闭。因为闪屏广告是用户启动某个 App 后才出现的，所以广告在展现时用户的注意力是非常集中的，正因如此，它也是用户必须等待和接受的一种广告形式，所以特别适合进行品牌的推广和宣传（见图 3-83）。

图 3-83　App 闪屏广告

2. Banner 广告

这个类型的 App 广告是传统计算机中 Banner 广告形式的一种延续，也是移动产品中最主要的广告形式。它一般会在 App 界面的顶端或底部出现，在表现形式上分为静态横幅、动画横幅和互动式横幅，在内容表现上分为图片形式、图文混合形式和文字形式。

第三章
网络广告主题表现

这种类型广告的优势是，会根据 App 的特性和功能进行较好载体的融合设计，更容易找到合适的目标群体，会有不错的广告效果；但不足之处是此类 App 界面内容通常会比较丰富，当广告特征比较明显时，用户就会习惯性地过滤掉此类广告（见图 3-84）。

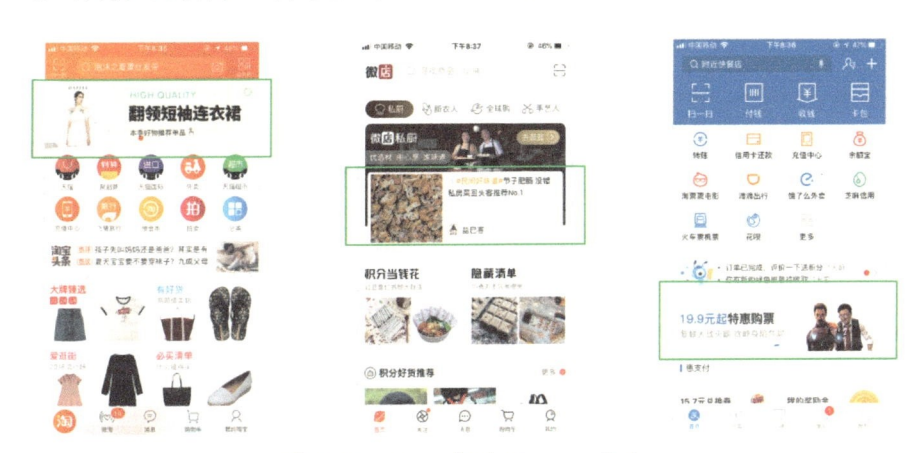

图 3-84　App 中的 Banner 广告

3. 插屏广告

插屏广告是一种精准的广告推广形式，它的视觉冲击力较强，一般会在用户第一次点击某个功能页面时弹出，会展示出广告提示的具体内容，广告效果好、收益高，但通常会打断用户，影响用户对产品的体验（见图 3-85）。

图 3-85　App 插屏广告

4. 情景导购广告

这个类型的广告通常会较好地利用 App 中的功能模块进行恰当的设计和运用。用户在使用产品的同时，也能自然地关注到广告。优势是能够在恰当的场景中进行广告推广，不容易让用户产生反感（见图 3-86）。

5. 公告广告

公告广告通常会出现在电商类 App 上，广告形式类似于广播消息，一般会在首页出现。设计优点是直观、清晰、简洁，只会占用页面较少的空间；缺点是不能吸引用户注意力，大多数情况下只具备提示作用（见图 3-87）。

图 3-86　App 情景导购广告　　　　图 3-87　App 公告广告

二、课堂实例教学

实训 8　闪屏广告的制作

设计内容：音乐类 App 闪屏广告制作。
学习重点：闪屏广告设计构图方法。
学习难点：广告画面层次感的营造。
软件版本：Illustrator 2019 for MAC。

设计步骤解析

（1）新建项目，设置宽度为"1080px"，高度为"1920px"，选择"RGB 颜色"模式，光栅效果为"屏幕 72ppi"，并将文件命名为"闪屏广告"，如图 3-88 所示。

（2）填充背景颜色。按快捷键"M"选择矩形工具，绘制图形，填充渐变颜色，设置颜色值为（255,255,255）（40,33,109）（27,20,100），然后按"Ctrl+2"组合键在画面中锁定矩形，如图 3-89 所示。

（3）绘制月亮基础图形。按快捷键"L"选择椭圆工具，绘制图形，设置圆形宽度为"347px"，高度为"347px"，填充黄色，颜色值为（255,223,87），放置在广告的顶端位置，居中对齐，如图 3-90 所示。

第三章
网络广告主题表现

图 3-88　新建项目　　图 3-89　填充背景颜色　　图 3-90　绘制月亮基础图形

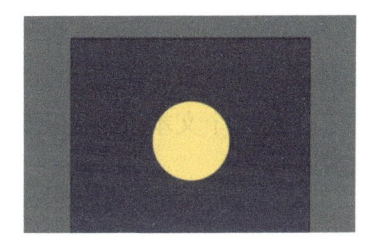

（4）制作月亮发光效果。复制 4 个月亮基础图形，填充为白色，分别调整圆形的大小及透明度，并放置在黄色月亮图形的下方，居中对齐，如图 3-91 所示。

（5）绘制月亮表面效果。再次复制多个圆形，将其内部颜色填充为黄色，颜色值为（255,223,87），设置描边颜色值为（252,187,101）。对这些圆形进行变形，使其呈现规则及不规则状态，然后放置在月亮基础图形上，并根据画面调整圆形的大小及位置，如图 3-92 所示。

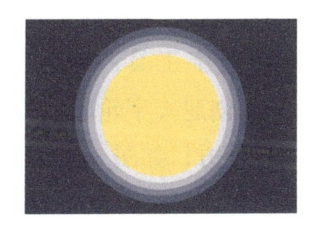

图 3-91　制作月亮发光效果　　图 3-92　绘制月亮表面效果

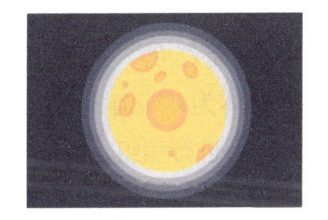

（6）绘制星空效果。在工具栏中选择椭圆工具，绘制不同比例、大小的圆形，填充白色。再选择星形工具，分别绘制大的五角星和小的五角星，设置大五角星为黄色，颜色值为（255,223,87）；小五角星为白色，颜色值为（255,255,255），如图 3-93 所示。

（7）绘制云朵图形。先按快捷键"P"选择钢笔工具，绘制图形。再按"Shift+C"组合键选择锚点工具，调整绘制的折线图形的锚点，使其线条变得圆顺，如图 3-94 所示。

图 3-93　绘制星空效果　　图 3-94　绘制云朵图形

(8)填充云朵颜色。复制云朵图形，分别进行三种颜色的填充，设置第一层云朵颜色值为（237,234,239），第二层云朵颜色值为（217,213,219），第三层云朵的渐变填充颜色值为（255,255,255）（89,90,149），完成后将云朵图形放置在广告的底部位置，使其有前后层次关系，如图3-95所示。

(9)创建标题。选择直排文字工具，输入"月圆中秋"和"有你才美"两句文本。设置字体为"汉仪星宇体简Regular"，字号为"100pt"，颜色值为（255,255,255），创建轮廓，再将两个文本进行上下错位排版，放置在月亮图形的下方，居中对齐，如图3-96所示。

图3-95　填充云朵颜色　　　　　图3-96　创建标题

(10)创建印章。选择圆角矩形工具绘制一个长方形，设置宽度为"52px"，长度为"160px"，填充红色，颜色值为（255,0,0）。再选择文字工具，输入文字"八月十五"，设置字体为"张海山锐谐体"，字号为"34pt"，创建文字轮廓，按"Ctrl+G"组合键与印章图形进行编组，并放置在"月圆中秋"文本的下方，如图3-97所示。

(11)添加软件Logo。由于本次设计对象为虚拟App广告，所以将摆放Logo的位置更换为虚拟App的名称"云音乐App"，如图3-98所示。

图3-97　创建印章　　　　　图3-98　添加软件Logo

(12)添加页面跳转指示。选择圆角矩形工具，设置矩形宽度为"150px"，长度为"42.5px"，圆角半径为"21.25"，填充白色，不透明度为"40%"。接下来，选择文字工具输入文本"跳过广告5"，设置字体为"宋体"，字号为"26pt"，创建文字轮廓，按"Ctrl+G"组合键与图形编组，放置在广告右上角位置，如图3-99所示。

（13）广告版面元素排版。使用标尺工具为版面元素设定精确的位置，查看效果，完成闪屏广告的制作，导出作品，如图3-100所示。

图 3-99　添加页面跳转指示

图 3-100　广告版面元素排版

实训 9　Banner 广告的制作

设计内容：旅游类 App Banner 广告制作。

学习重点：Banner 广告的制作方法。

学习难点：广告视觉元素的主次设计。

软件版本：Illustrator 2019 for MAC。

设计步骤解析

（1）新建项目，设置宽度为"640px"，高度为"288px"，选择"RGB 颜色"模式，光栅效果为"屏幕 72ppi"，并将文件命名为"Banner 广告"，如图 3-101 所示。

（2）填充背景颜色。按快捷键"M"，选择矩形工具，绘制矩形，设置颜色值为（128,201,190），然后按"Ctrl+2"组合键锁定背景，如图 3-102 所示。

图 3-101　新建项目

图 3-102　填充背景颜色

（3）绘制地球图形。按快捷键"L"，选择椭圆工具，绘制圆形，设置圆形的大小，宽度为"190px"，高度为"190px"，填充为绿色，颜色值为（0,146,69），如图3-103所示。

（4）绘制地球表面效果。先选择钢笔工具绘制基本线框，再选择锚点转换工具进行调整，设置颜色值为（140,198,63），放置在之前绘制的地球图形上，如图3-104所示。

图3-103　绘制地球图形　　　　　图3-104　绘制地球表面效果

（5）绘制飞机机身图形。按快捷键"P"选择钢笔工具，绘制图形，填充为白色，完成机身的创建，如图3-105所示。

（6）绘制飞机机翼。按快捷键"M"选择矩形工具，创建一个矩形，按快捷键"A"切换直接选择工具，选择矩形的锚点进行形态调整，填充为白色。用同样的方法绘制机翼的细节，填充为红色，设置颜色值为（193,39,45），放置在机翼的适当位置，如图3-106所示。

图3-105　绘制飞机机身　　　　　图3-106　绘制飞机机翼

（7）绘制机尾。选择矩形工具，按快捷键"M"，绘制一个正方形。然后选择直接选择工具，按快捷键"A"，选择正方形的锚点，将正方形调整成三角形。再选择锚点工具，按"Shift+C"组合键，调整三角形的底边，将其底边直线转换成弧线，并调整方向使其与机身方向一致，如图3-107所示。

（8）绘制飞机细节。选择钢笔工具绘制挡风玻璃，设置颜色为黑色，放置在机头位置。选择圆角矩形工具，绘制机身装饰，设置为黄色，颜色值为（251,176,59），放置在机尾位置。再绘制两侧的发动机舱罩，设置为红色，颜色值为（193,39,45），放置在机翼下方位置，完成飞机图形的制作，如图3-108所示。

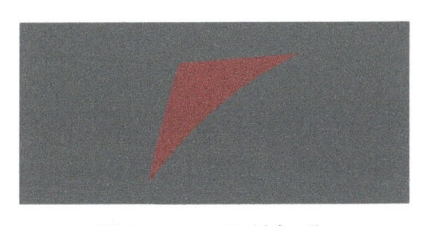

图 3-107 绘制机尾 　　　　　　　　图 3-108 绘制飞机细节

（9）绘制热气球的球囊。选择椭圆工具创建圆形，设置圆形的大小，宽度为"45.6px"，高度为"45.6px"，填充颜色值为（241,90,36）。然后再复制两个圆形，一个圆形设置宽度为"32.9px"，高度为"32.9px"，填充颜色值为（247,147,30）；另一个圆形设置宽度为"24.6px"，高度为"24.6px"，填充颜色值为（251,176,59），如图 3-109 所示。

（10）绘制热气球的吊篮。选择矩形工具绘制矩形，然后添加线条作为吊绳，按"Ctrl+G"组合键与球囊图形编组，如图 3-110 所示。

图 3-109 绘制热气球的球囊 　　　　　　图 3-110 绘制热气球的吊篮

（11）绘制地图图形。选择钢笔工具，创建地图折叠的感觉，并为其添加颜色，分别由绿色、蓝色、白色组成。继续创建一个坐标图形并将其放置在地图上，使用椭圆工具绘制圆形，选择添加锚点工具，进行锚点的调整，与刚刚创建的图形编组，完成地图图形的创建，如图 3-111 所示。

（12）绘制高山。选择矩形工具，切换直接选择工具转换锚点，将其变成三角形，然后复制三角形，构成山的形态，为其填充颜色，设置颜色值分别为（251,176,59）（247,147,30），并对图形进行编组，如图 3-112 所示。

图 3-111 绘制地图图形 　　　　　　图 3-112 绘制高山

（13）绘制云朵。按快捷键"P"，选择钢笔工具，完成云朵图形的结构，切换转换锚点工具调整图形线条，填充颜色为白色。再复制三个云朵，其中一个设置为淡蓝色，颜色值为（208,244,243），如图3-113所示。

（14）绘制多云天气图形。创建一个太阳图形，绘制圆形，设置颜色值为（252,238,33）。选择一个云朵图形，遮挡太阳图形，然后对图形进行编组，如图3-114所示。

图3-113　绘制云朵　　　　图3-114　绘制多云天气图形

（15）绘制定位图形。选择椭圆工具创建一个圆形，设置圆形的大小，宽度为"16.7px"，高度为"16.7px"，颜色填充为红色。继续创建一个长方形，设置宽度为"3.65px"，高度为"16.35px"，颜色填充为白色，如图3-115所示。

（16）进行图形编组。将地球、地图、飞机、云朵、定位、多云天气图形进行位置的摆放设计，按"Ctrl+G"组合键进行图形编组，完成广告中视觉图形的制作，如图3-116所示。

图3-115　绘制定位图形　　　　图3-116　图形编组

（17）创建广告文案主标题。选择文字工具，分别输入文字"机票退改政策"和"各地出行防疫政策"，设置字体为"时尚中黑简体"，字号为"35pt"，颜色为白色。添加"风格化"效果，选择"投影"选项，设置"正片叠底"，不透明度为"75"%，X位移为"3"px，Y位移为"3"px，模糊为"3"px，颜色为黑色，如图3-117所示。

（18）创建广告文案副标题。选择文字工具，输入文字"红包补贴""就地玩乐""折上再减100"，设置字体为"时尚中黑简体"，字号为"16pt"，颜色为白色，如图3-118所示。

图3-117　创建广告文案主标题　　　　图3-118　创建广告文案副标题

（19）绘制圆角矩形，设置宽度为"286px"，高度为"34px"，填充为绿色，颜色值为（68,142,30）。添加"风格化"效果，选择"投影"选项，设置模式为"叠加"，不透明度为"75"%，X位移"0"px，Y位移"2"px，模糊为"3"px，颜色为黑色。再复制一个圆角矩形，调整大小，设置宽度为"280px"，高度为"27px"，描边颜色值为（252,238,33），如图3-119所示。

（20）给文案副标题添加背景。将刚刚创建的圆角矩形放置在副标题下方，然后绘制两个圆形，左右摆放，按"Ctrl+G"组合键对图形编组，完成广告文案副标题的制作，如图3-120所示。

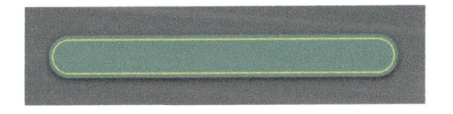

图3-119　绘制圆角矩形　　　图3-120　给文案副标题添加背景

（21）制作链接按钮图形。绘制一个圆角矩形，设置宽度为"89.8px"，高度为"24.7px"，圆角半径为"10.53px"，颜色值为（252,206,91）。添加"风格化"效果，选择"内发光"选项，设置模式为"滤色"，颜色值为（255,255,255），不透明度为"75"%，模糊为"5"px，边缘，如图3-121所示。

（22）给按钮添加文字。输入文字"立即查询"，设置字体为"时尚中黑简体"，字号为"15pt"，颜色值为（241,90,36）。再绘制一个三角图形放置在文字的右侧，起到指示作用，然后与圆角矩形进行编组，如图3-122所示。

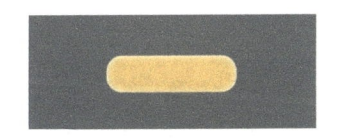

图3-121　制作链接按钮图形　　　图3-122　给按钮添加文字

（23）绘制滑动指示图标。创建宽度为"6px"、高度为"6px"的圆形，设置颜色为白色。再复制4个，设置颜色为灰色，颜色值为（127,127,127），将5个圆形横向摆放并留出相同间隔，按"Ctrl+G"组合键进行编组，放置在Banner广告底部位置，居中对齐，如图3-123所示。

（24）进行广告文案排版，放置在画面左侧位置，如图3-124所示。

图3-123　绘制滑动指示图标　　　图3-124　进行广告文案排版

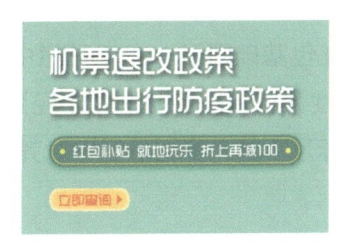

（25）广告页面版式编排。选择标尺工具，按"Ctrl+R"组合键，设置广告页面各视觉元素的距离，调整位置，查看效果，完成Banner广告的制作，并导出图片，如图3-125所示。

图3-125 广告页面版式编排

实训 10　插屏广告的制作

设计内容：App插屏广告的制作。

学习重点：插屏广告的制作方法。

学习难点：插屏广告尺寸的表现。

软件版本：Illustrator 2019 for MAC。

设计步骤解析

（1）新建项目，设置宽度为"750px"，高度为"1334px"，选择"RGB颜色"模式，光栅效果为"屏幕72ppi"，并将文件命名为"插屏广告"，如图3-126所示。

（2）填充背景颜色。按快捷键"M"选择矩形工具，绘制矩形，设置颜色值为（53,51,48），按"Ctrl+2"组合键锁定背景，如图3-127所示。

图3-126　新建项目　　　图3-127　填充背景颜色

（3）绘制红包基础图形。在工具栏中选择圆角矩形工具绘制一个矩形，设置宽度为"500px"，高度为"500px"，圆角半径为"26px"，颜色值为（219,66,85）。按"Ctrl+R"组合键，选择标尺工具，将图形居中对齐，放置在画面中心位置，上下留出相同的距离，如图3-128所示。

（4）绘制红包正面图形。按快捷键"M"选择矩形工具，创建矩形，设置宽度为"500px"，高度为"194px"。按"Shift+C"组合键切换锚点工具调整锚点，将矩形顶边的直线调整成弧形状态，填充渐变颜色，设置颜色值为（235,151,162）（221,74,92）（219,66,85），将图形放置在红包基础图形下方位置，如图3-129所示。

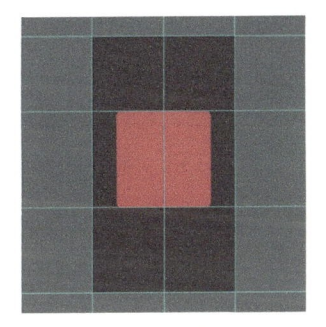

图3-128　绘制红包基础图形　　图3-129　绘制红包正面图形

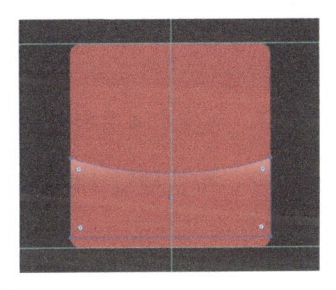

（5）绘制卡片。绘制圆角矩形，设置宽度为"439px"，高度为"275px"，圆角半径为"26px"，填充颜色值为（255,226,220），放置在红包正面图形下方，居中对齐，如图3-130所示。

（6）绘制优惠券。按快捷键"T"选择文字工具，输入文字"￥20"，设置字体为"宋体－简"，字号为"85pt"，居中对齐。再分别添加两段文本，首先是"满100元可用"，设置字体为"冬青黑体简体中文"，字号为"26pt"；然后是"生鲜百货爆品抢购"，设置字体为"冬青黑体简体中文"，字号为"19pt"。设置所有文本的颜色值为（219,66,85），创建轮廓，放置在优惠券上，进行居中对齐，如图3-131所示。

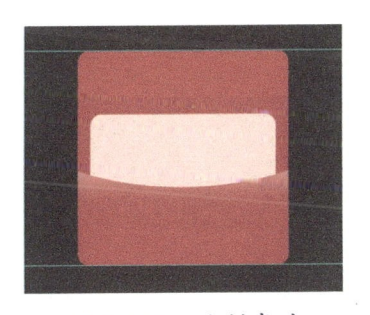

图3-130　绘制卡片　　图3-131　绘制优惠券

（7）创建广告主标题。按快捷键"T"选择文字工具，输入文字"新人福利"，设置字体为"宋体－简"，字号为"85pt"，颜色为白色，放置在红包上，居中对齐。然后给文字添加"风格化"效果，选择"投影"选项，设置模式为"叠加"，不透明度为"80"%，X位移为"5"px，Y位移为"5"px，模糊为"5"px，颜色为黑色，单击"确定"按钮，如图3-132所示。

（8）制作按钮。选择圆角矩形工具，设置圆角矩形宽度为"248px"，高度为"65px"，圆角半径为"35.5px"，颜色值为（249,223,175），给按钮添加"风格化"效果，选择"投影"选项，设置模式为"叠加"，不透明度为"80"%，X位移"2"px，Y位移为"2"px，模糊为"2"px，颜色为黑色，单击"确定"按钮，如图3-133所示。

图 3-132　创建广告主标题　　　　　图 3-133　制作按钮

（9）添加按钮文字。按快捷键"T"选择文字工具，输入文字"立即领取"，设置字体为"兰亭黑–简"，字号为"35pt"，颜色值为（219,66,85），放置在按钮上方，居中对齐，如图3-134所示。

（10）制作关闭按钮。选择椭圆工具，绘制一个圆环，设置宽度为"49.5px"，高度为"49.5px"，描边颜色为白色。然后在圆环内部添加⊗符号，按"Ctrl+G"组合键编组图形，放置在插屏广告偏下位置，居中对齐，如图3-135所示。

图 3-134　添加按钮文字　　　　　图 3-135　制作关闭按钮

（11）广告整体排版。按"Ctrl+R"组合键，选择标尺工具，调整广告视觉元素位置，如图3-136所示。

（12）完成插屏广告的制作，并查看效果，导出作品，如图3-137所示。

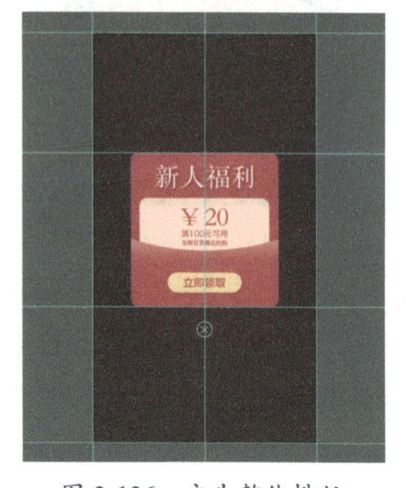

图 3-136　广告整体排版　　　　　图 3-137　完成插屏广告的制作

课题与训练

结合所学内容，为百度地图 App 设计"推广运营类"引导页广告。

具体要求：

（1）设置宽度为"1242px"，高度为"2208px"，选择"RGB 颜色"模式，光栅效果为"屏幕 72ppi"；

（2）数量为三屏，可滑动；

（3）每屏页面采用滑动指示设计；

（4）最后一屏页面要有进入按钮；

（5）画面清晰完整，细节精致；

（6）作品以 JPEG 格式提交，并保存源文件。

第四章

Cinema 4D 广告立体元素制作

知识目标

了解 Cinema 4D 软件常用工具及界面布局、视图窗口的基本操作，掌握立体模型的基础制作方法与步骤。

素质目标

调动学生在技能训练中的主观能动性，强化学生的动手实践能力。

能力目标

通过学习，拓展学生三维纯色渲染技能，能运用 Cinema 4D 软件完成广告立体元素的设计与制作。

第四章
Cinema 4D 广告立体元素制作

第一节　认识 Cinema 4D

一、界面布局

C4D 软件的全称是 Cinema 4D，是德国 MAXON 推出的三维动画软件，具有建模、动画和渲染等功能。本章以 MAC 系统 C4D Studio R19 版本为例进行教学案例的讲解。

Cinema 4D 软件的界面可以划分为 9 个模块，分别是菜单栏、工具栏、编辑模式栏、视图窗口、动画编辑窗口、材质窗口、坐标窗口、对象窗口、属性窗口（见图 4-1）。

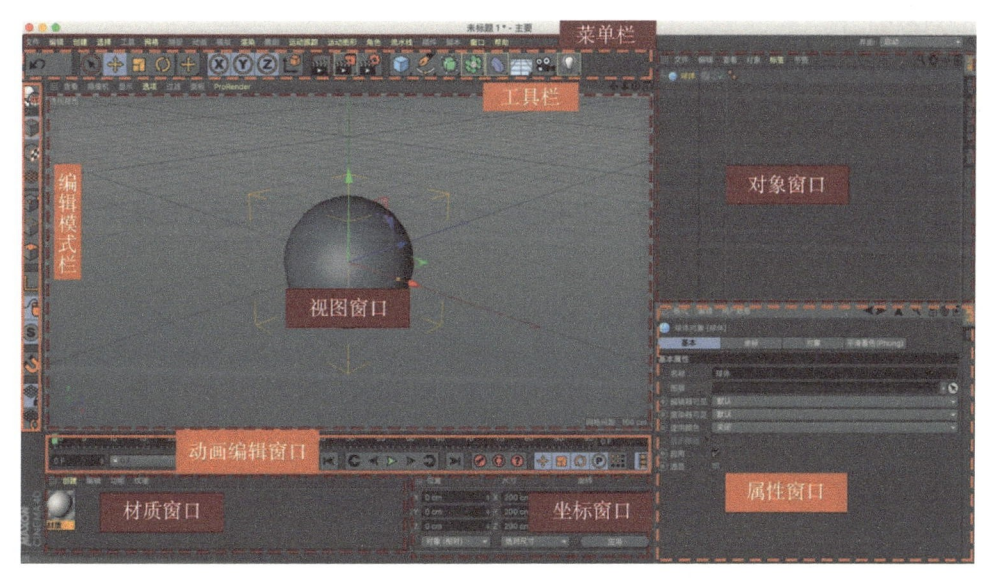

图 4-1　MAC 系统 C4D Studio R19 软件界面布局

1. 菜单栏

C4D 中的主要设置和基本工具都可以在菜单栏中找到。打开软件后，通过用鼠标单击、选择菜单栏上的不同区域，就可以做相应的选择和设置。

2. 工具栏

工具栏中显示的是 C4D 的常用工具，如实时选择工具、移动工具、缩放工具、旋转工具、坐标系统、渲染工具，以及建模所需的各种工具（立方体、球体、平面、圆锥、多边形等）。

3. 编辑模式栏

当对某个模型对象进行编辑时，就可以通过编辑模式栏中的可编辑对象按钮和模式切换来进行相应的操作，如调整、修改模型的形态时，可以选择"点"模式、"线"模式、"面"模式。

4. 视图窗口

我们对物体模型所做的所有操作都会在视图窗口中实时地显示出来。

5. 动画编辑窗口

动画编辑窗口的主要功能是制作动画效果,通过添加关键帧,然后单击"播放"按钮,就可以看到动画效果。

6. 材质窗口

在材质窗口中双击,就可以创建材质,此时窗口中会显示一个材质球。通过材质球可以打开材质编辑器,进行颜色、透明度等不同效果的添加和使用。

7. 坐标窗口

在坐标窗口中,可以通过对 X 轴、Y 轴、Z 轴的设置对窗口中的模型进行位置的调整。

8. 对象窗口

对象窗口类似于 Photoshop 中的"图层"面板,在 C4D 建模的视图窗口中的元素会体现在这里,并对应显示在不同层。

9. 属性窗口

关于视图窗口中模型对象的大小、位置、宽度、长度等,可以通过在属性窗口中修改对应参数来调整。

二、视图窗口的基本操作

在视图窗口中可以呈现默认渲染出来的效果图,以及最重要的四种视图:透视视图、顶视图、右视图、正视图,简称"四视图"。

1. 视图的切换方法

在 MAC 系统中,"Fn+F5"是切换四视图的快捷键。此时,可以看到视图窗口中呈现出四个不同的视图窗口(见图 4-2)。

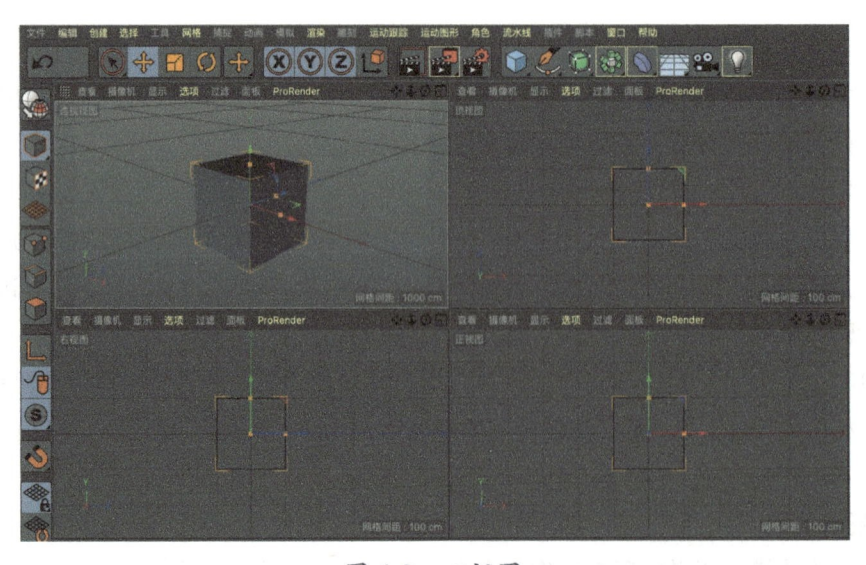

图 4-2　四视图

第四章
Cinema 4D 广告立体元素制作

- 透视视图，"Fn+F1"组合键。
- 顶视图，"Fn+F2"组合键。
- 右视图，"Fn+F3"组合键。
- 正视图，"Fn+F4"组合键。

需要注意的是，如果是非 MAC 系统，可以通过单击鼠标中键来完成视图的切换操作。如果想要选择进入其中一个视图，将鼠标放置在所选视图窗口上，再单击鼠标中键即可。

2. 移动和旋转操作区

如果想对视图中的模型对象执行移动、缩小、旋转等操作，可以通过以下方法来完成。以透视视图为例，如果要平移视图操作区中的对象，可以按住"ALT+鼠标中键"或按住"1"来完成；如果要完成对象的放大、缩小，可以按住"ALT+鼠标推拉"或按住"2"来完成；如果要旋转对象，可以按住"ALT+鼠标左键"或按住"3"来完成。

三、常用工具与快捷键

为了方便大家快捷地操作 C4D 软件，提高工作效率，我们来了解一下它的常用工具及快捷键。

1. 选择工具

工具栏中的选择工具，主要分为四种：实时选择、框选、套索选择和多边形选择，其中实时选择和框选是最常使用的选择工具（见图 4-3）。

使用选择工具时要注意，有时视图中的模型对象正面看起来是全部被选中了，但模型对象的背面很可能还没有被选中，为了避免出现此情况，就需要取消勾选"属性"面板中的"仅选择可见元素"复选框（见图 4-4）。

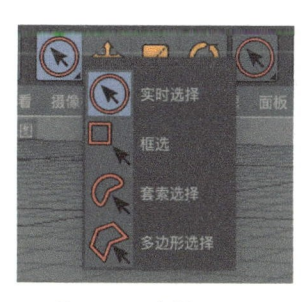

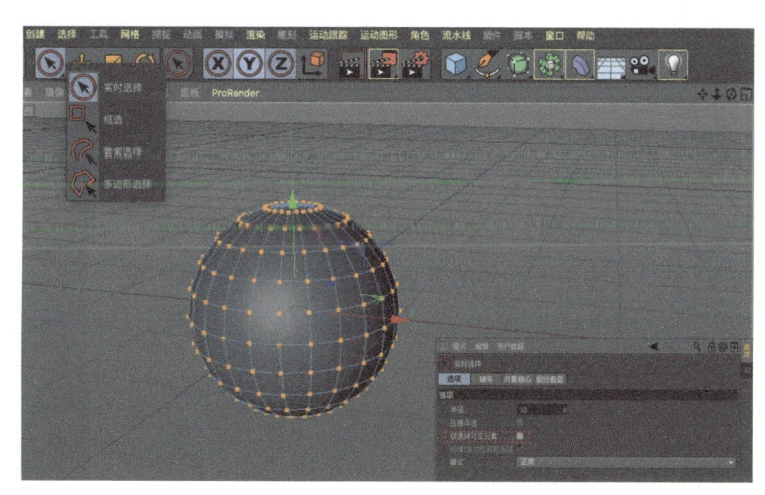

图 4-3　选择工具　　　　图 4-4　选择工具与"属性"面板

框选模型对象时会显示一个矩形，需要注意的是，在选择时要将其放在选框内才能框

109

选上。按住"Shift"键并拖动鼠标为加选，按住"Ctrl"键并拖动鼠标为减选。而多边形选择工具则用于框选要选择的模型对象。

2. 移动工具

移动工具的快捷键是"E"。当我们在视图窗口中创建一个模型对象时，会发现模型上显示出3个箭头，这3个箭头分别指向不同方向。红色箭头代表的是X轴，选中时模型对象只能沿X轴左右移动；绿色箭头代表Y轴，选中时模型对象只能沿Y轴上下移动；蓝色箭头代表Z轴，通过它可以在视图中调整模型对象的远近大小（见图4-5）。

3. 缩放工具

缩放工具的快捷键是"T"。使用时需要先选中模型对象，再按下"T"键，此时模型对象上会显示出X轴、Y轴、Z轴，并且坐标轴上的箭头变成了实心的大方块和小方块。如果要整体放大或缩小对象，就拖动坐标轴上的大方块；如果要单独改变对象的大小，就单击并拖动坐标轴上的小方块进行调整。而另一种方法是通过"属性"面板来实现的，选择对象，设置模型对象的"半径"属性值，完成对象的放大和缩小（见图4-6）。

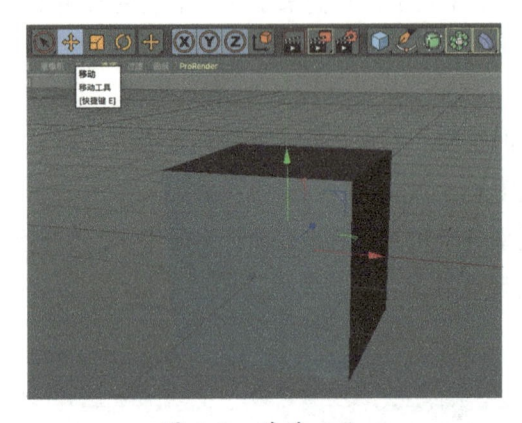

图4-5　移动工具 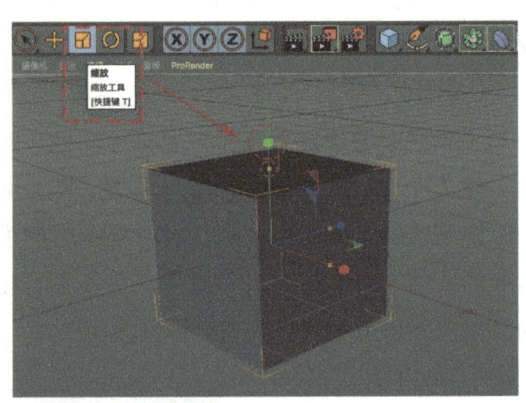　　　　　　　图4-6　缩放工具

4. 旋转工具

旋转工具的快捷键是"R"。当使用旋转工具时，模型对象上会出现3个不同颜色的圆弧，分别代表X轴、Y轴、Z轴3个不同的方向。用鼠标选中圆弧，就可以进行对象的旋转操作了（见图4-7）。

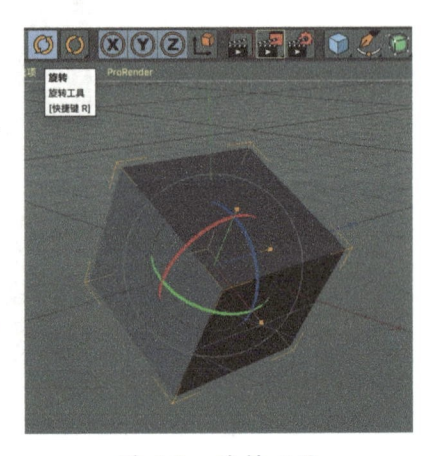

5. 转为可编辑对象工具

以球体为例，创建一个球体后，在编辑模式栏中单击转为可编辑对象工具后，再使用"点"模式或"线"模式就可以对模型对象进行点或面的设置了（见图4-8）。

图4-7　旋转工具

第四章
Cinema 4D 广告立体元素制作

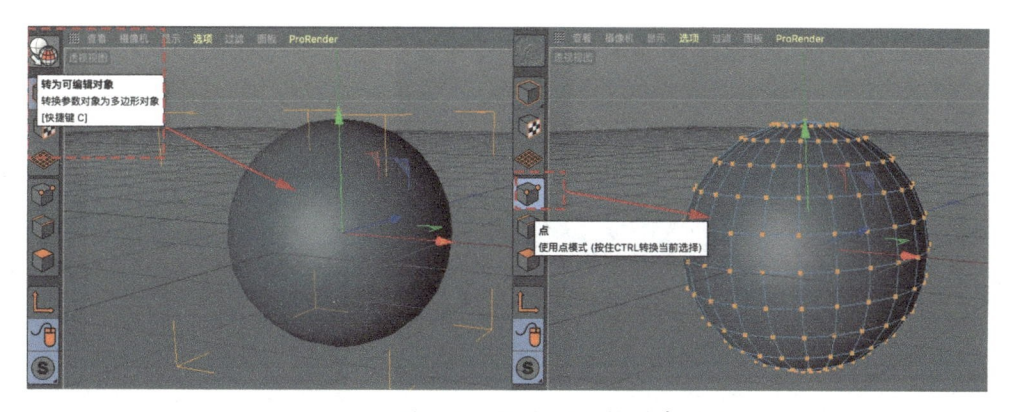

图 4-8　转为可编辑对象工具

四、课堂实例教学

实训 11　Cinema 4D 立体字母模型制作

设计内容：C4D 毛发质感立体字母的制作。

学习重点：C4D 样条曲线建模的方法。

学习难点：C4D 毛发材质的添加与应用。

软件版本：C4D Studio R19 for MAC。

1. 设计步骤解析

（1）打开 C4D，在视图窗口中创建"文本"，文本内容为英文字母"&"，如图 4-9 所示。

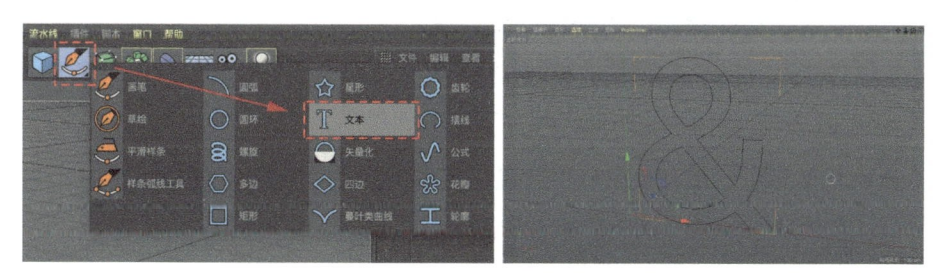

图 4-9　创建"文本"

（2）创建"样条"。按"Fn+F4"组合键，切换到正视图。单击菜单栏中的"创建"级联菜单中的"样条"命令，再选择"画笔"命令，如图 4-10 所示。

（3）给字母"&"添加内部画线，用画笔沿着字母的内部绘制线条，如图 4-11 所示。

（4）调整字母"&"内部的画线，右击，选择"柔性插值"命令，使其线条更加圆滑，如图 4-12 所示。

111

图 4-10 创建"样条"

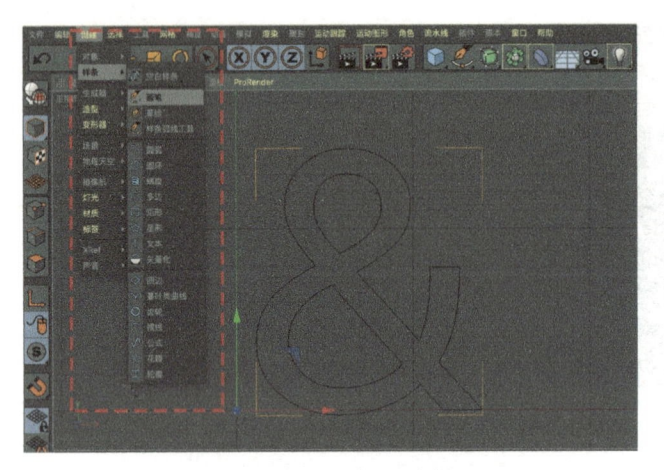

图 4-11 添加内部画线

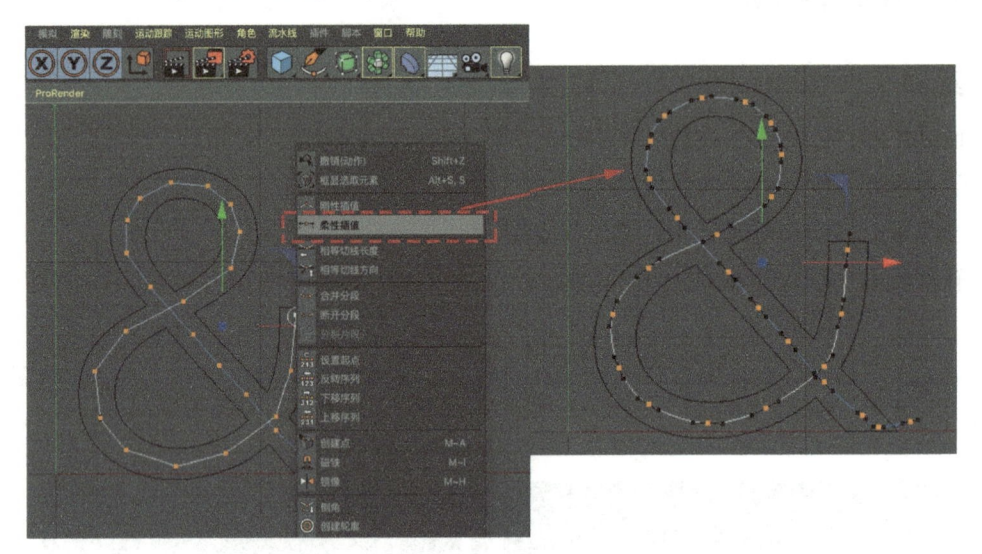

图 4-12 调整内部画线

（5）返回模型对象，在对象窗口中隐藏"文本"图层，如图 4-13 所示。

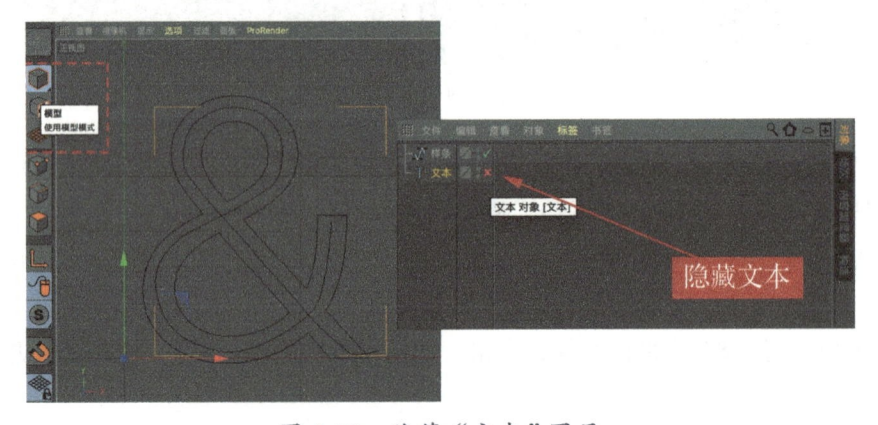

图 4-13 隐藏"文本"图层

第四章
Cinema 4D 广告立体元素制作

（6）按"Fn+F1"组合键，切换到透视视图。选择"启用轴心"命令，按住快捷键"L"，并向上拖动它的轴心，如图 4-14 所示。

（7）创建一个"油桶"，并选择"显示"级联菜单的"光影着色（线条）"命令，如图 4-15 所示。

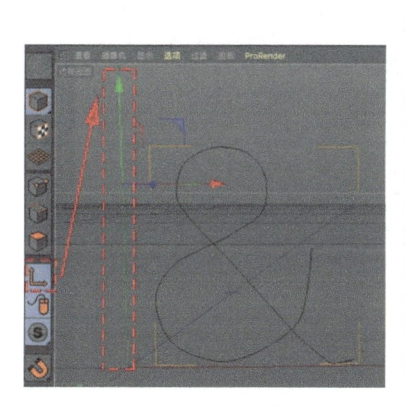

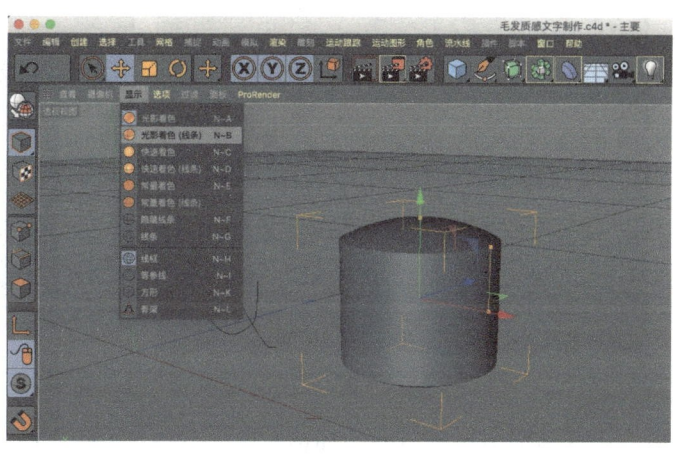

图 4-14　启用轴心　　　　　　　图 4-15　创建"油桶"

（8）在"属性"面板中调整油桶的半径，设置为"25cm"，其他参数默认不变，如图 4-16 所示。

（9）创建"样条约束"，将样条约束放置在油桶的下一层级，如图 4-17 所示。

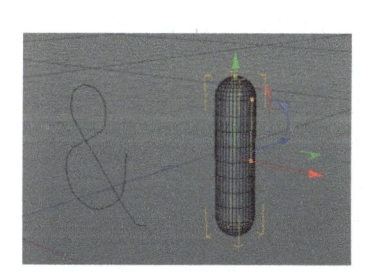

图 4-16　调整油桶半径　　　　　图 4-17　创建"样条约束"

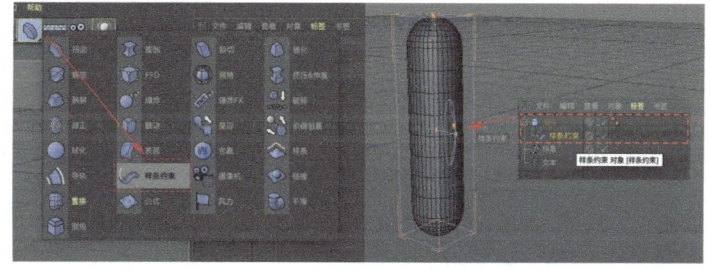

（10）在"属性"窗口的"对象"选项卡下，修改样条约束的轴向，设置为"+Y"，如图 4-18 所示。

（11）调整油桶的"高度分段"属性值为"150"，如图 4-19 所示。

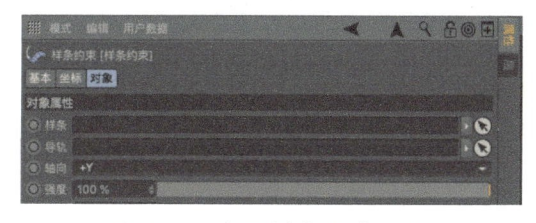

图 4-18　修改样条约束轴向　　　图 4-19　调整"高度分段"属性值

113

（12）选中"样条约束"，让其失去样条线框。单击"属性"窗口"对象"选项卡下"样条"后方的箭头，把鼠标移至视图窗口中的"&"字母上并单击，添加样条效果，如图4-20所示。

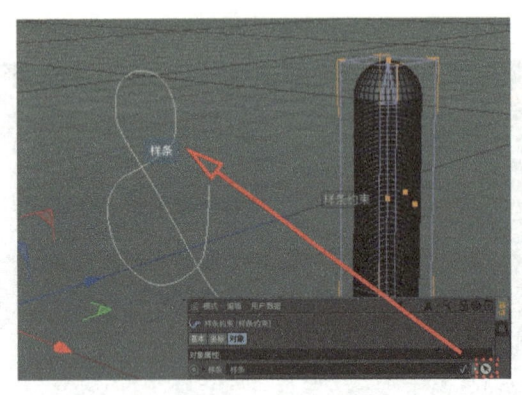

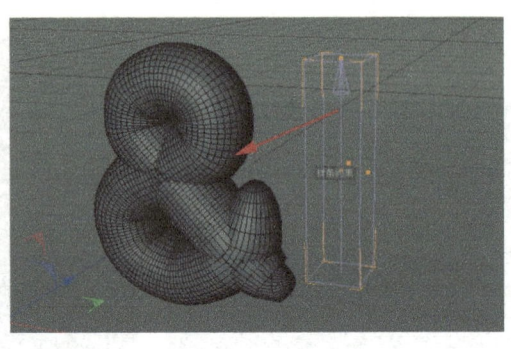

图 4-20　为字母"&"添加样条效果

（13）返回对象窗口的"油桶"，在"属性"窗口修改它的半径，设置为"9cm"，如图4-21所示。

（14）给字母创建毛发。在菜单栏中选择"模拟"级联菜单中的"毛发对象"命令，再选择"添加毛发"命令，如图4-22所示。

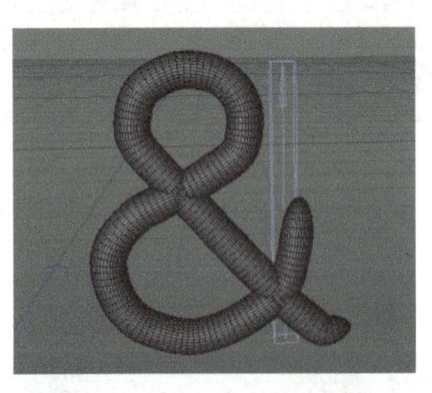

图 4-21　设置"油桶"半径数值　　　　图 4-22　创建毛发

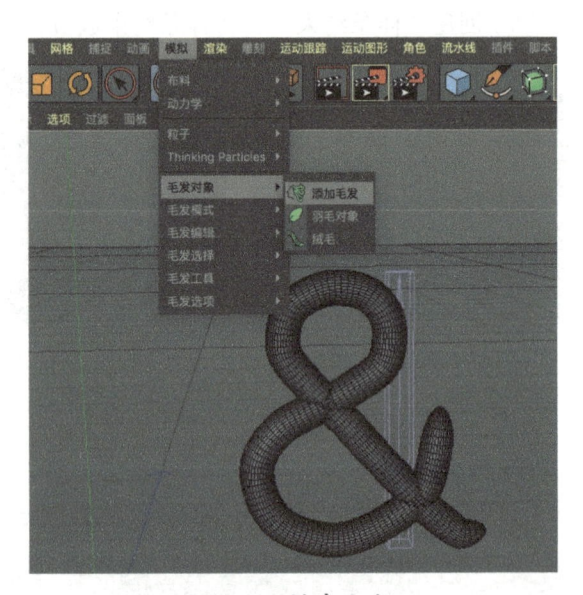

（15）调整毛发长度。将"属性"窗口中的"引导线"长度设置为"10cm"，单击查看渲染效果，如图4-23所示。

（16）设置毛发数量，将"数"量调整为"20000"，如图4-24所示。

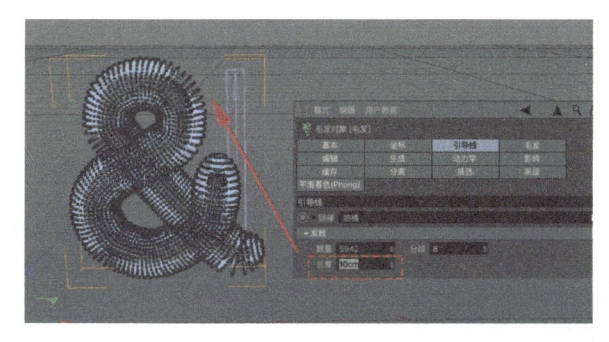

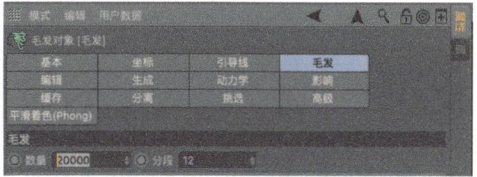

第四章
Cinema 4D 广告立体元素制作

图 4-23　调整毛发长度　　　　　　　图 4-24　设置毛发数量

（17）为场景创建一个环境。选择"平面"，把平面的"宽度分段"和"高度分段"都设置为"1"，如图 4-25 所示。

（18）调整平面轴向，将其设置为"+Z"（Z 轴朝向），并向后拖移平面，如图 4-26 所示。

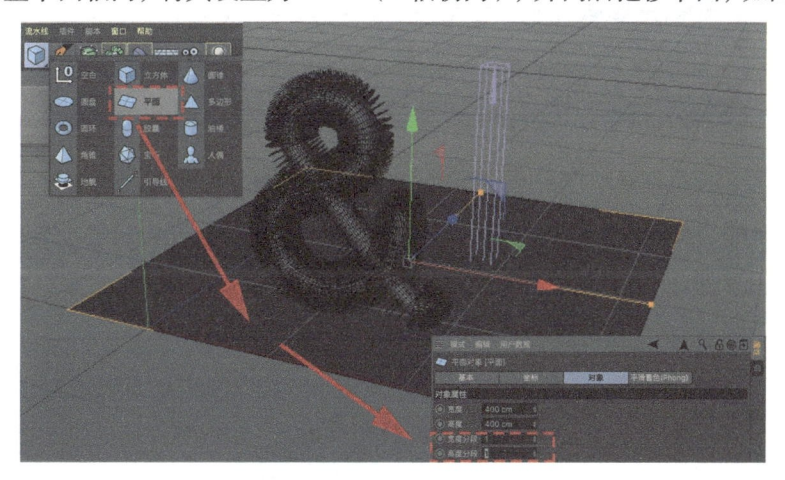

图 4-25　创建环境

（19）调整平面大小，让其能够盖住整个背景，如图 4-27 所示。

图 4-26　调整平面轴向　　　　　　　图 4-27　调整平面大小

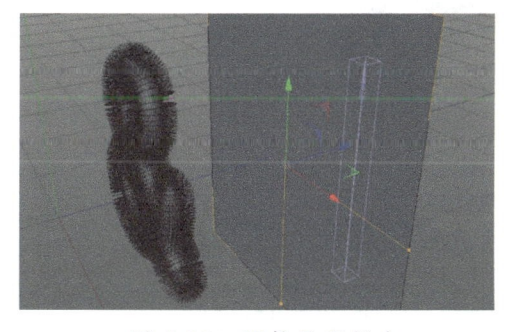

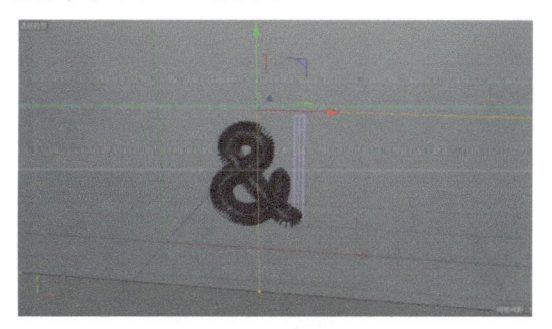

（20）给背景添加材质。取消勾选"颜色""反射"复选框，勾选"发光"复选框。先选择一个较明显的背景颜色（背景颜色稍后还可进行调整和修改），然后拖动材质到对象窗口的"平面"图层中进行填充，如图 4-28 所示。

图 4-28 添加背景材质

（21）给字母"&"模型添加材质。先创建一个材质，设置为白色，勾选"反射"复选框，如图 4-29 所示。

图 4-29 为字母"&"添加材质

第四章
Cinema 4D 广告立体元素制作

（22）单击"渲染活动视图"按钮，查看效果，如图 4-30 所示。

（23）调整毛发材质。取消勾选"高光"复选框，在"材质编辑器"窗口中，选择"颜色"属性下的"纹理"选项，加载图片，选择一张准备好的纹理图片，再次选择"纹理"选项，复制着色器。然后选择"发根"属性下的"纹理"选项，单击"粘贴着色器"按钮，如图 4-31 所示。

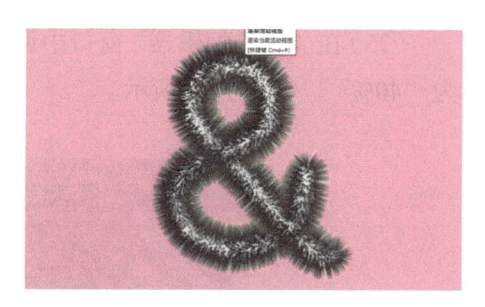

图 4-30　查看字母渲染效果

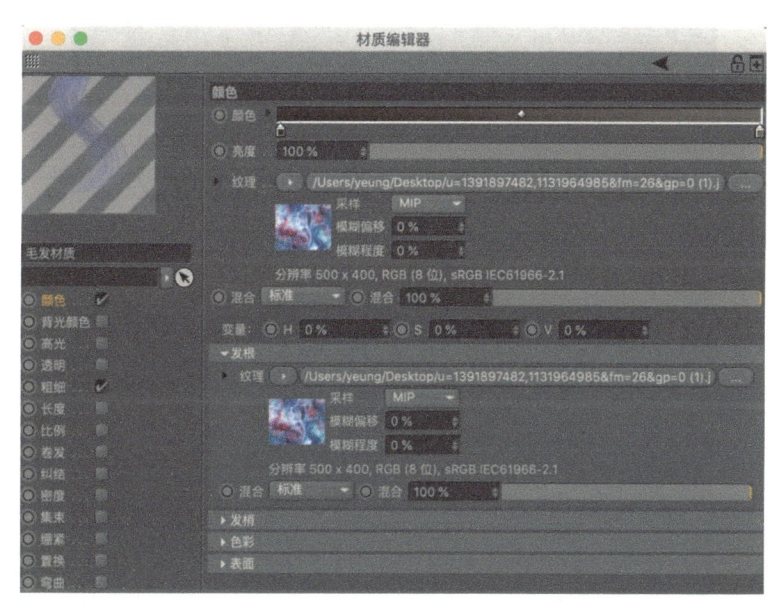

图 4-31　调整毛发材质

（24）在"材质编辑器"窗口中调整毛发粗细。设置"发根"为"0.4cm"，"发梢"为"0.05cm"，"变化"为"0.1cm"，如图 4-32 所示。

图 4-32　调整毛发粗细

（25）在"材质编辑器"窗口中调整毛发长度。设置"长度"为"100%"，"变化"为"40%"，如图 4-33 所示。

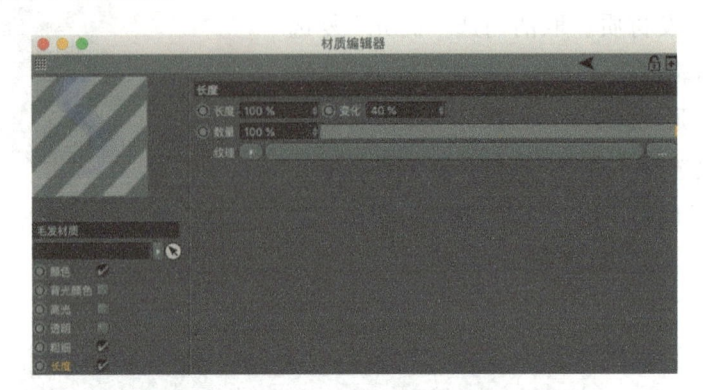

图 4-33　调整毛发长度

（26）在"材质编辑器"窗口中调整毛发卷发。设置"卷发"为"10%"，"变化"为"10%"，如图 4-34 所示。

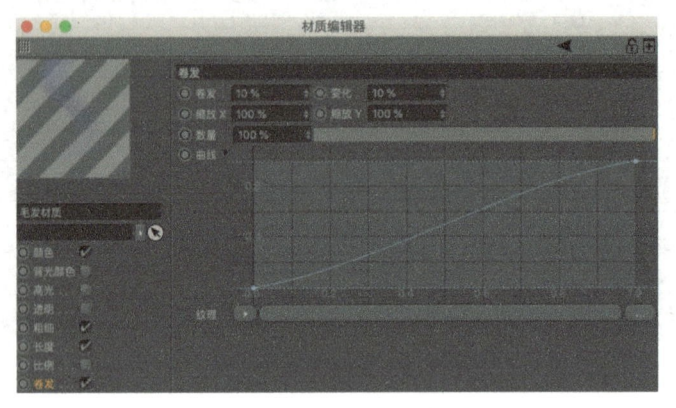

图 4-34　调整毛发卷发

（27）在"材质编辑器"窗口中设置毛发卷曲。设置"卷曲"为"5°"，"变化"为"3%"，如图 4-35 所示。

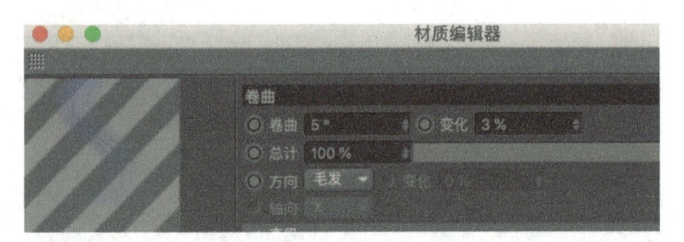

图 4-35　调整毛发卷曲

（28）在"材质编辑器"窗口中调整毛发光照。取消勾选"接收全局光照"复选框，避免渲染时出现卡顿现象，如图 4-36 所示。

第四章
Cinema 4D 广告立体元素制作

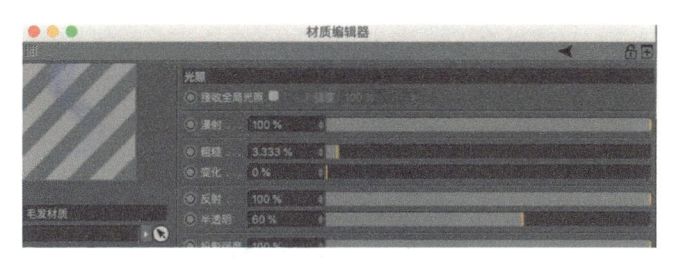

图 4-36 调整毛发光照

（29）单击"渲染活动视图"按钮，查看渲染效果，如图 4-37 所示。

（30）调整"平面"背景。选择"光照"选项，添加"发光"效果。取消勾选"产生全局光照"和"接收全局光照"复选框，如图 4-38 所示。

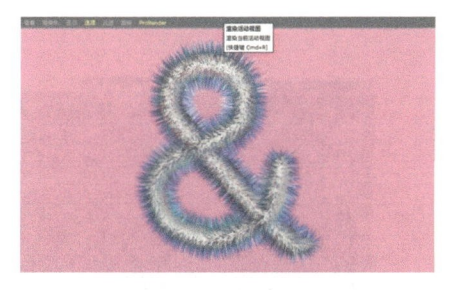

图 4-37 查看渲染效果　　　　图 4-38 调整"平面"背景

（31）创建区域光，为模型对象添加明暗效果，将其命名为"灯光"，如图 4-39 所示。

（32）创建一个"空白"对象。单击菜单栏中的"创建"标签，选择"对象"级联菜单中的"空白"命令，完成创建，如图 4-40 所示。

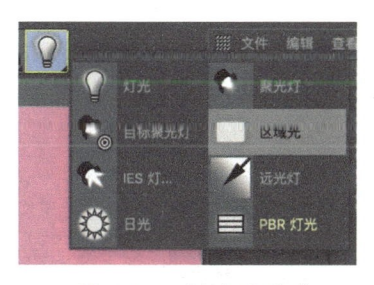

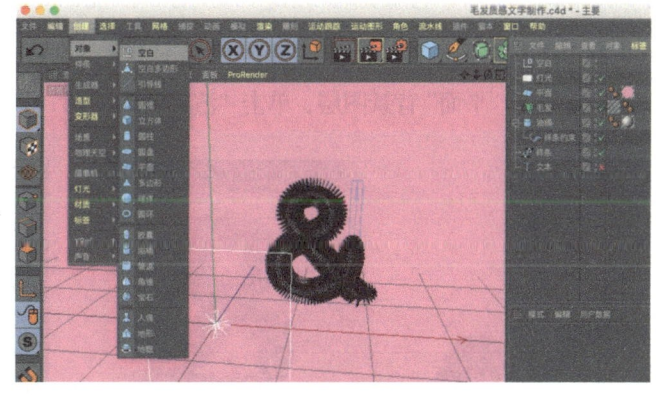

图 4-39 创建区域光　　　　图 4-40 创建"空白"对象

（33）调整"灯光"位置。将"灯光"放置在字母"&"的中间位置，并将"空白"图层移至"文本"图层下方，如图 4-41 所示。

119

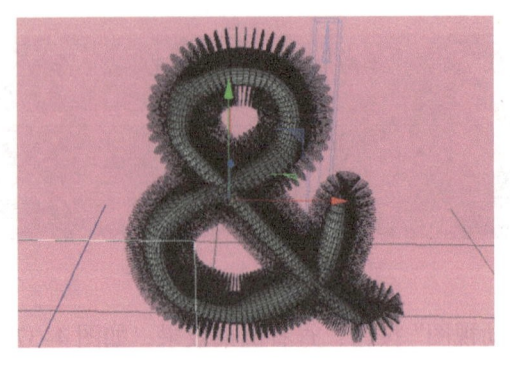

图 4-41 调整"灯光"位置

（34）给"灯光"添加"目标"。选择"CINEMA 4D 标签"下的"目标"选项，再将"目标"拖至"属性"面板的"空白"上进行关联，如图 4-42 所示。

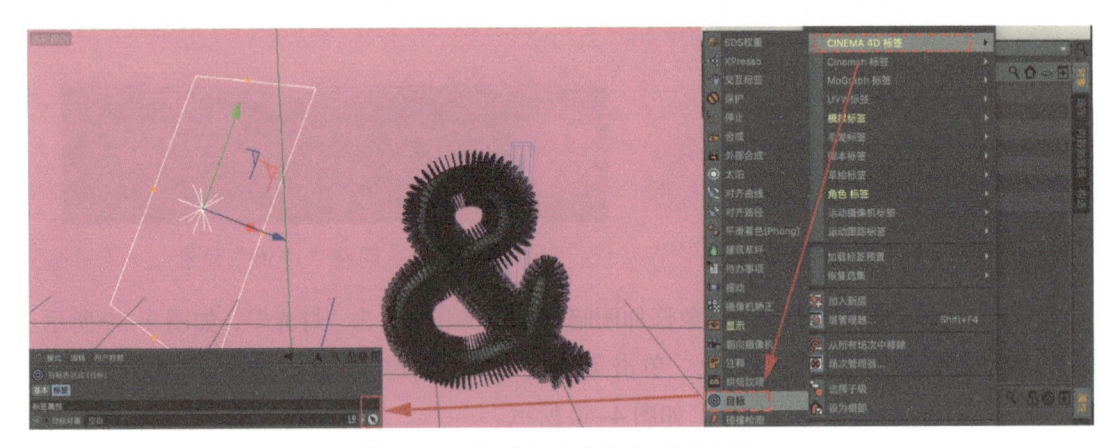

图 4-42 给"灯光"添加"目标"

（35）调整光照位置，按快捷键"3"旋转视角，将光照放至在侧面，如图 4-43 所示。
（36）关掉"平面"背景图层，单击"渲染活动视图"按钮，查看渲染效果，如图 4-44 所示。

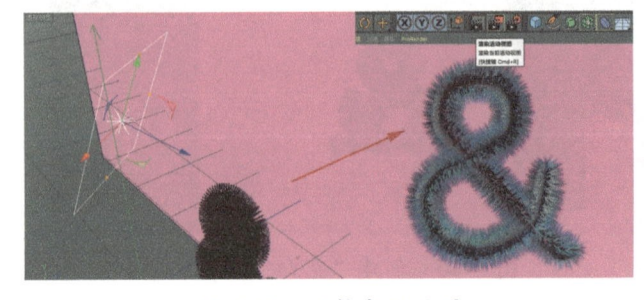

图 4-43 调整光照位置　　　　　　　　图 4-44 查看渲染效果

（37）选择"灯光"图层，在"属性"窗口中将"投影"选项设置为"区域"，单击"渲染活动视图"按钮，再次查看渲染效果，如图 4-45 所示。

第四章
Cinema 4D 广告立体元素制作

图 4-45　调整灯光选项

（38）选择"灯光"图层，调整它的辅光，设置 H 为"300°"，S 为"40%"，V 为"100%"。修改"强度"为"150%"，如图 4-46 所示。

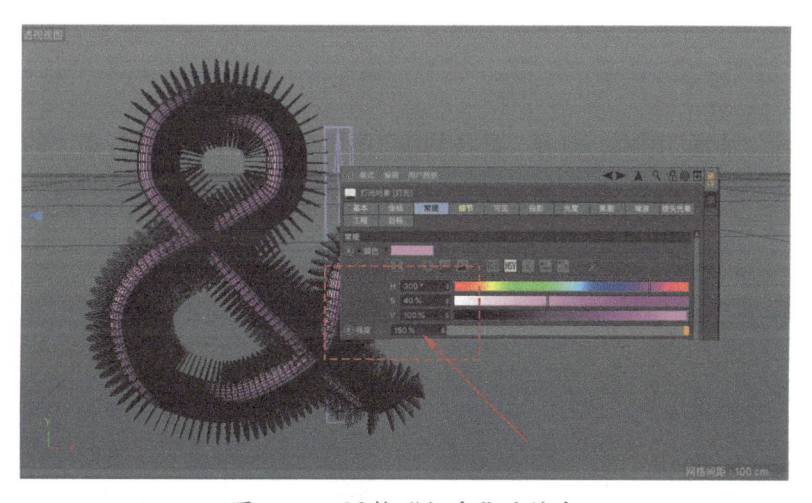

图 4-46　调整"灯光"的辅光

（39）调整灯光角度，单击"渲染活动视图"按钮，查看渲染效果，如图 4-47 所示。

（40）复制"灯光"图层，将其命名为"灯光.1"。先按"W"快捷键，让它在时间轴上对齐，再按住"Ctrl"键进行拖曳，使模型对象形成左右两个光源，如图 4-48 所示。

图 4-47　调整灯光角度　　　　图 4-48　复制"灯光"图层

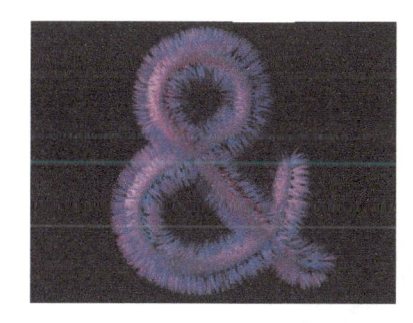

（41）调整"灯光.1"颜色及"平面"背景颜色，避免左右光源颜色相同。可以将"灯光.1"设置颜色值为（H:215°,S:23%,V:100%），将"平面"背景设置颜色值为（H:0°,S:0%,V:80%）。单击"渲染活动视图"按钮，查看渲染效果，如图 4-49 所示。

（42）暂时隐藏"毛发"图层，处理字母"&"上的交叉结点，如图 4-50 所示。

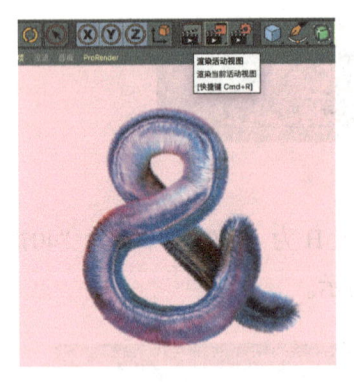

图 4-49　调整灯光及背景颜色 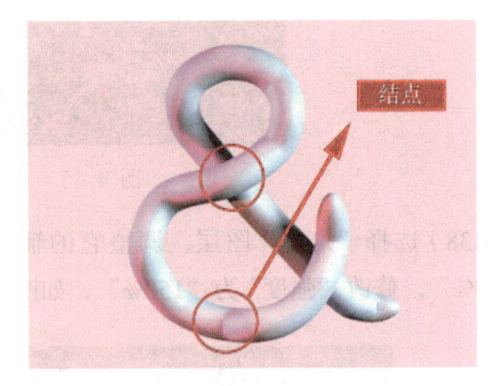　　　图 4-50　处理字母"&"上的交叉结点

（43）隐藏"油桶"图层，打开"样条约束"图层，编辑样条。对样条上的点进行调节，使其错落有序，有前有后，从侧面看线条之间有间距，如图 4-51 所示。

（44）右击，选择"柔性插值"命令，再返回模块，使其线条变得圆滑，如图 4-52 所示。

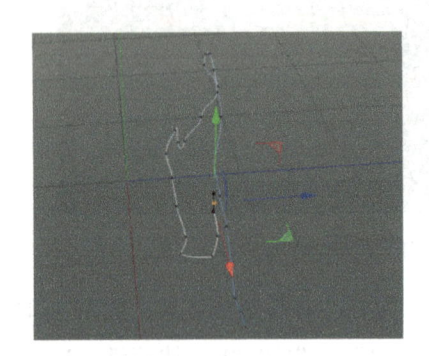

图 4-51　编辑样条 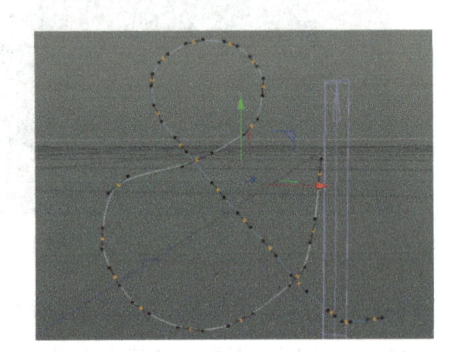　　　　　　　　图 4-52　柔性插值

（45）打开"油桶"和"毛发"图层，单击"渲染活动视图"按钮，查看渲染效果，如图 4-53 所示。

（46）添加全局光。选择"物理天空"，在"属性"窗口中把"时间"调整为下午"四点"，并降低强度，设置为"5%"，如图 4-54 所示。

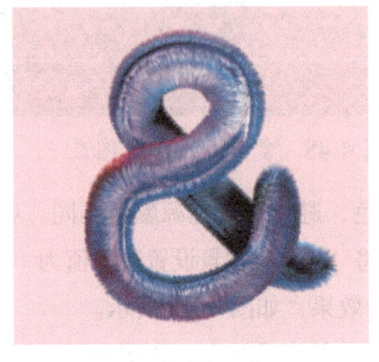

图 4-53　查看渲染效果 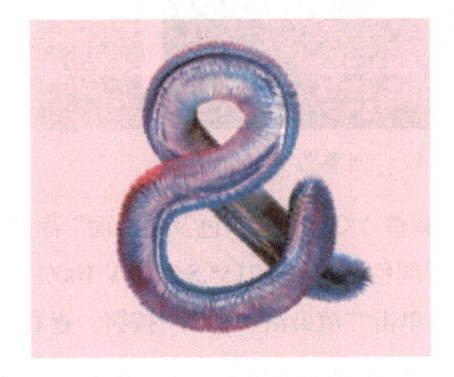　　　　　　图 4-54　添加全局光

第四章
Cinema 4D 广告立体元素制作

（47）打开"平面"背景，调整"毛发"，调整数量为"180000"，完成毛发质感立体字母的制作，单击"渲染活动视图"按钮，查看渲染效果，如图 4-55 所示。

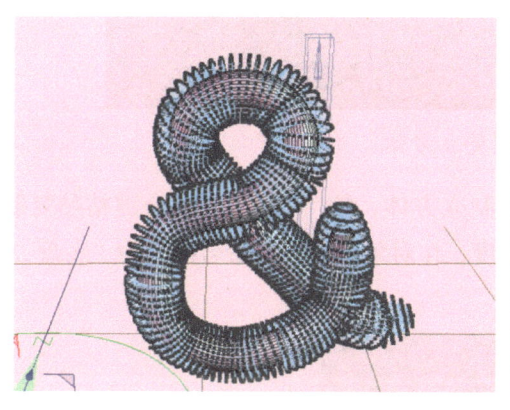

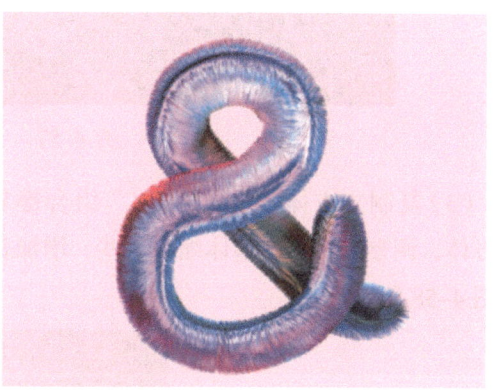

图 4-55　完成毛发质感立体字母的制作

实训 12　Cinema 4D 立方体小汽车模型制作

设计内容：C4D 立方体汽车模型的制作。
学习重点：C4D 基础几何体的建模方法。
学习难点：C4D 材质的添加与渲染方法。
软件版本：C4D Studio R19 for MAC。

设计步骤解析

（1）按"Ctrl+N"组合键，新建项目，将其命名为"立方体汽车模型制作"，并在视图窗口中创建立方体，如图 4-56 所示。

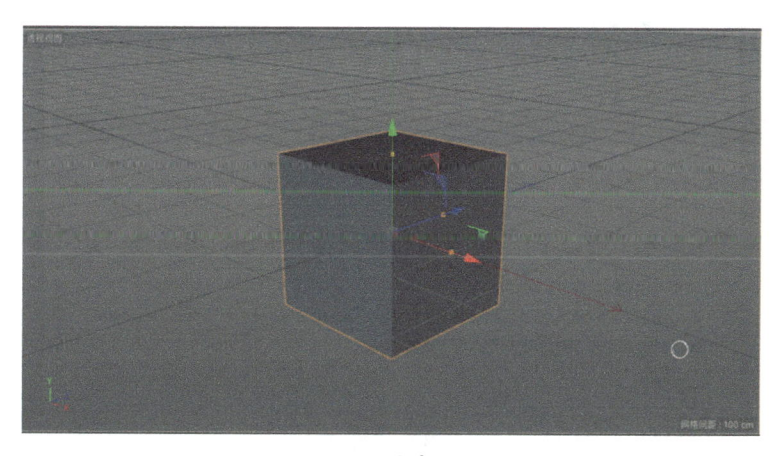

图 4-56　创建立方体

（2）调整立方体的长度和宽度，使其作为汽车的底盘，在对象窗口中将立方体重命名为"底盘"，如图 4-57 所示。

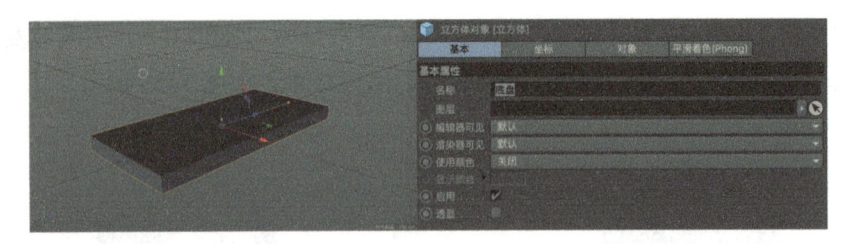

图 4-57 调整立方体

（3）复制立方体。按"Ctrl+C"组合键复制立方体，按"Ctrl+V"组合键粘贴复制的立方体，调整其大小，整体缩小一些，增加宽度，在对象窗口中重命名模型为"底盘.2"，如图 4-58 所示。

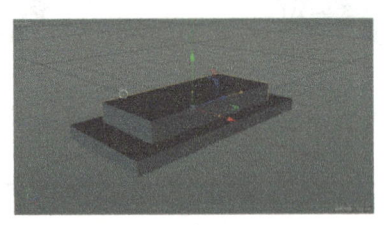

图 4-58 复制立方体

（4）创建车体模型。按"Ctrl+C"组合键复制立方体，按"Ctrl+V"组合键粘贴复制的立方体，再次复制立方体。然后按"F5"键切换到四视图，从不同角度查看模型，对其进行调整，如图 4-59 所示。

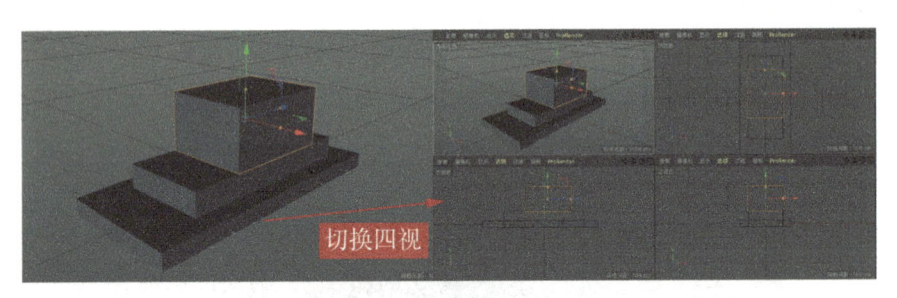

图 4-59 创建车体模型

（5）单击左侧编辑模式栏上的"转为可编辑对象"按钮，再单击"边"按钮，如图 4-60 所示。

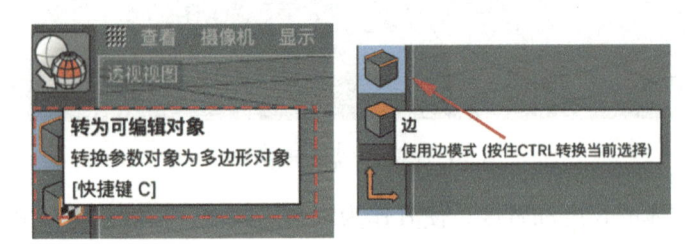

图 4-60 转为可编辑对象并使用边模式

第四章
Cinema 4D 广告立体元素制作

（6）单击"启用轴心"按钮，改变立方体的角度，如图 4-61 所示。

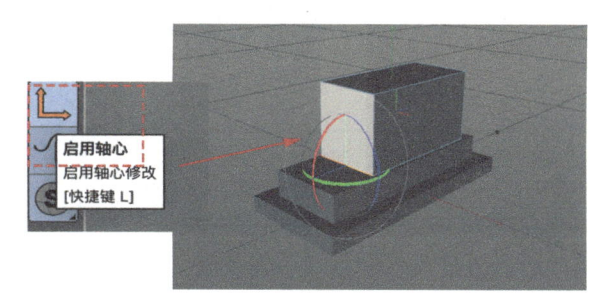

图 4-61　启用轴心

（7）选择移动工具，继续调整模型，如图 4-62 所示。

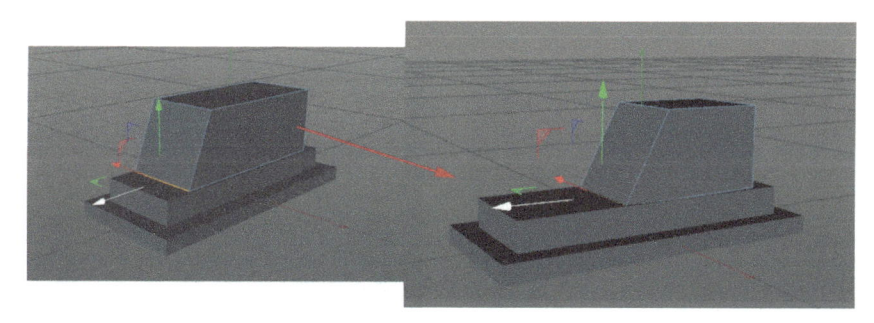

图 4-62　调整模型

（8）按"Fn+F2"组合键，切换为右视图，反复调整立方体的形态，如图 4-63 所示。
（9）创建汽车挡风玻璃。复制上一个车体模型，按快捷键"T"缩小模型，如图 4-64 所示。

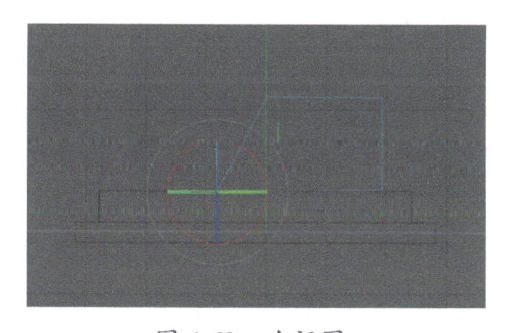

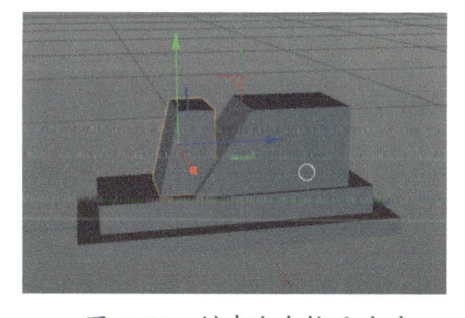

图 4-63　右视图　　　　　　　　图 4-64　创建汽车挡风玻璃

（10）按快捷键"R"，调整玻璃的角度，如图 4-65 所示。
（11）将玻璃移动到车体适当位置放好，按"Fn+F5"组合键，切换四视图进行调整，如图 4-66 所示。

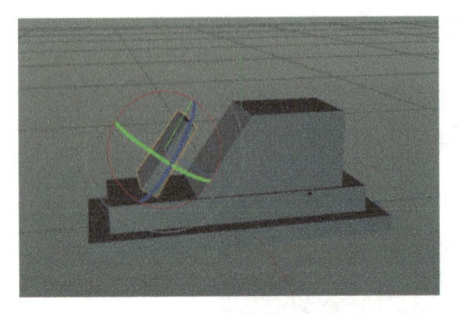

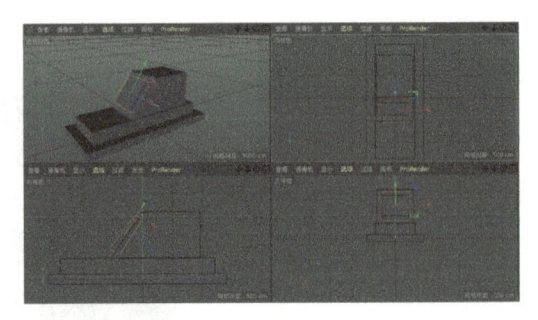

图 4-65　调整玻璃角度　　　　　　图 4-66　切换四视图调整玻璃位置

（12）复制一个车体模型，将其命名为"左侧玻璃1"。按快捷键"T"调整玻璃大小，如图4-67所示。

（13）按"Fn+F5"组合键，切换不同视图对左侧玻璃进行调整，如图4-68所示。

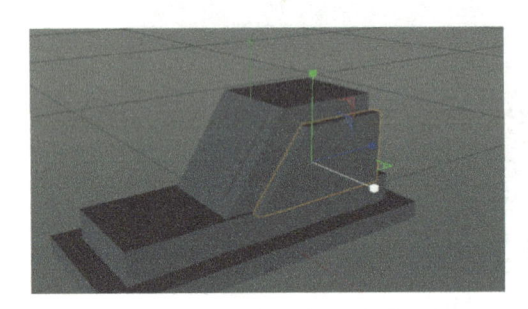

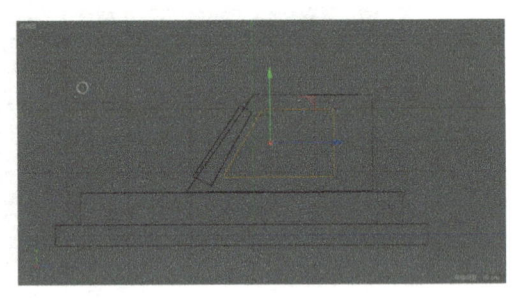

图 4-67　创建"左侧玻璃1"　　　　　图 4-68　切换视图调整左侧玻璃

（14）创建一个新的立方体，将其命名为"左侧玻璃2"。它的宽度和长度要与左侧玻璃相呼应，凸出的部分要与左侧玻璃的厚度一致，如图4-69所示。

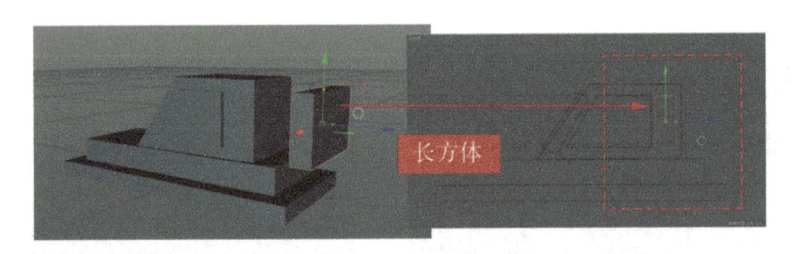

图 4-69　创建"左侧玻璃2"

（15）复制"左侧玻璃1"和"左侧玻璃2"，分别命名为"右侧玻璃1"和"右侧玻璃2"。按"Fn+F2"组合键，切换为顶视图，调整位置，完成车窗玻璃的制作，如图4-70所示。

（16）按"Alt+G"组合键，给车窗玻璃编组，并命名为"玻璃"，如图4-71所示。

（17）创建车轮。选择圆柱工具进行制作，按快捷键"R"，改变圆柱体的方向、大小，如图4-72所示。

（18）按"Fn+F2"组合键，切换为顶视图，调整车轮的位置，如图4-73所示。

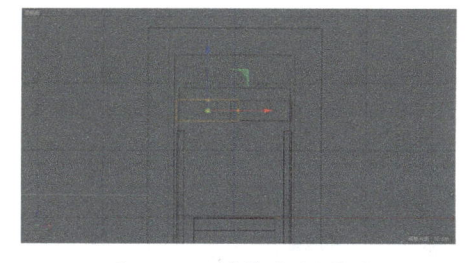

第四章
Cinema 4D 广告立体元素制作

图 4-70　制作右侧玻璃　　　　　图 4-71　编组车窗玻璃

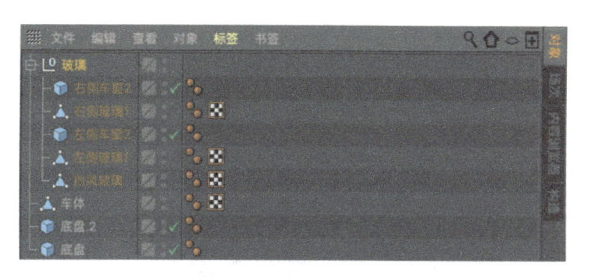

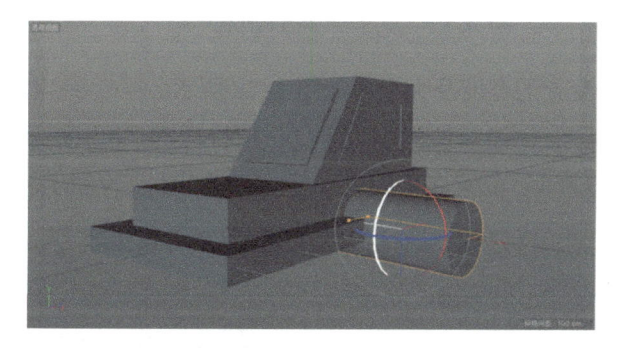

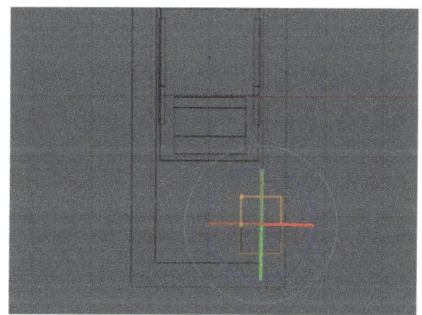

图 4-72　创建车轮　　　　　图 4-73　切换为顶视图调整车轮位置

（19）复制圆柱体。按"Ctrl+C"组合键复制，按"Ctrl+V"组合键粘贴复制的圆柱体。按快捷键"T"缩小刚才复制的车轮，让它与前面完成的车轮形成前后错位的关系，如图 4-74 所示。

（20）再次复制圆柱体。按快捷键"T"调整大小。每个车轮有三个圆柱体，再将复制的三个圆柱体进行编组，按"Alt+G"组合键，将其命名为"车轮 1"，完成第一个车轮的制作，如图 4-75 所示。

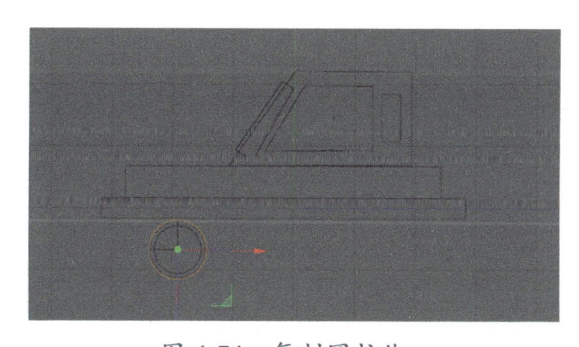

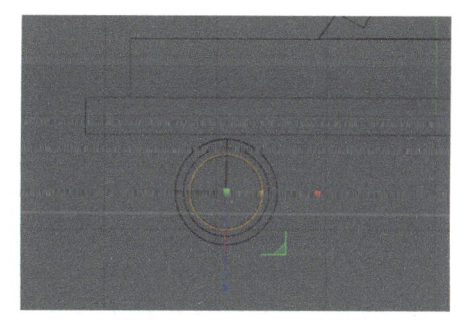

图 4-74　复制圆柱体　　　　　图 4-75　制作一个车轮

（21）复制"车轮 1"，完成其他三个车轮的制作，分别命名为"车轮 2""车轮 3""车轮 4"，如图 4-76 所示。

（22）切换为透视视图，调整车轮的位置，完成全部车轮的制作，如图 4-77 所示。

127

网络广告设计立体化教程

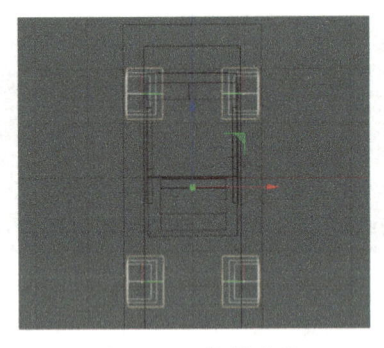

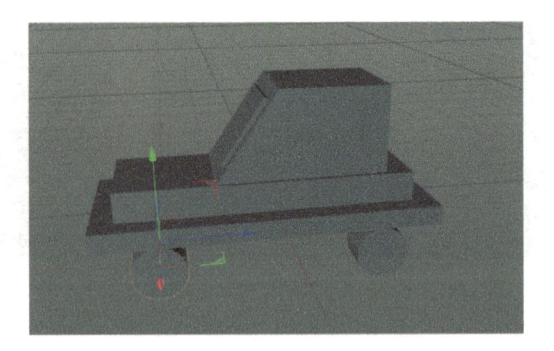

图 4-76　复制车轮　　　　　图 4-77　完成车轮的制作

（23）制作汽车牌照。创建立方体，改变它的宽度及大小，如图 4-78 所示。

（24）创建车灯，将其命名为"车灯 1"。创建圆柱体作为车灯，按快捷键"R"改变圆柱体的方向，按快捷键"T"调整圆柱体的大小，放置在车头的适当位置，如图 4-79 所示。

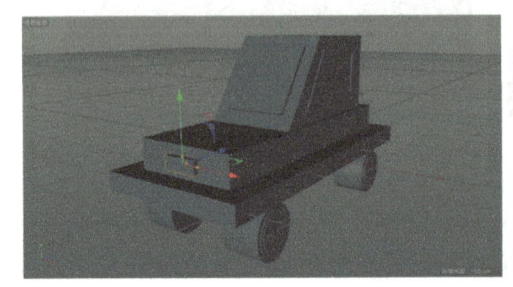

图 4-78　制作汽车牌照　　　　　图 4-79　制作车灯

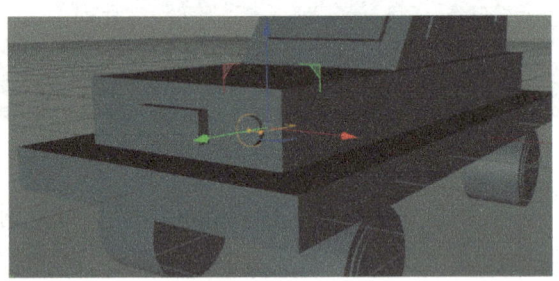

（25）复制"车灯 1"，将其命名为"车灯 2"。切换四视图调整其位置至与"车灯 1"对称，如图 4-80 所示。

（26）创建顶部车灯。创建立方体，调整其大小、位置，放置在车顶中间位置，将其命名为"立方体 .1"，如图 4-81 所示。

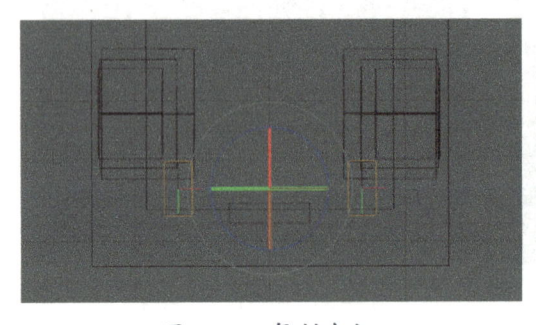

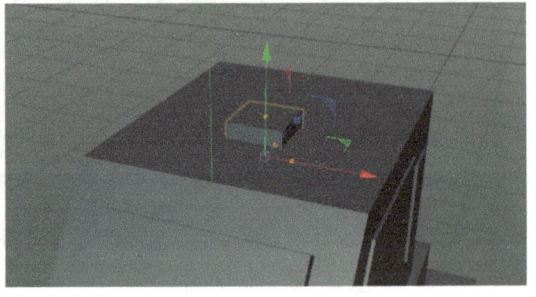

图 4-80　复制车灯　　　　　图 4-81　创建顶部车灯

（27）继续创建顶部车灯，复制"立方体 .1"，将其命名为"立方体 .2"。单击"转换为可编辑对象"按钮，再单击"边"按钮，调整立方体的形态，按"Fn+F5"组合键切换四视图，将其移至适当位置，如图 4-82 所示。

128

第四章
Cinema 4D 广告立体元素制作

（28）复制"立方体.2"，将其命名为"立方体.3"。镜像旋转"立方体.3"，使它与"立方体.2"对称，切换不同视图，继续调整其位置，如图4-83所示。

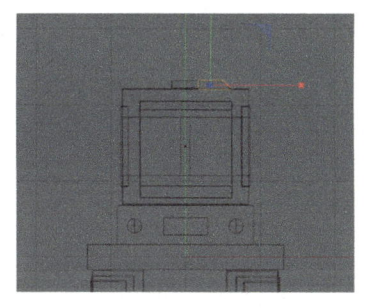

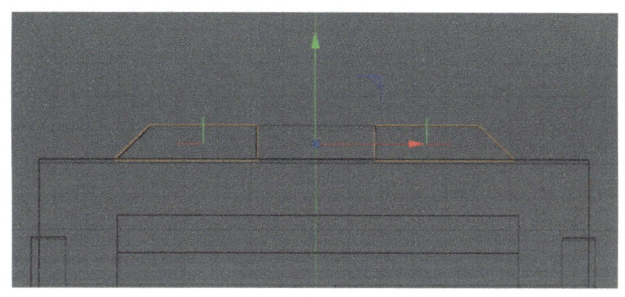

图 4-82　调整顶部车灯形态　　　　图 4-83　调整顶部车灯位置

（29）按"Alt+G"组合键，给顶部车灯编组，并命名为"警灯"，如图4-84所示。
（30）创建平面，在汽车底部添加一个地面，并把它扩大，如图4-85所示。

图 4-84　编组顶部车灯　　　　图 4-85　创建平面

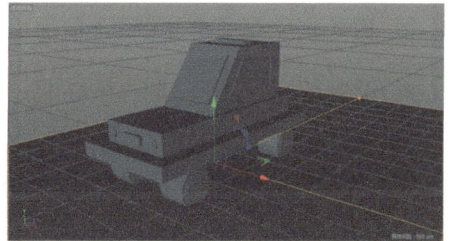

（31）创建材质，为汽车添加颜色，选择RGB颜色模式，如图4-86所示。

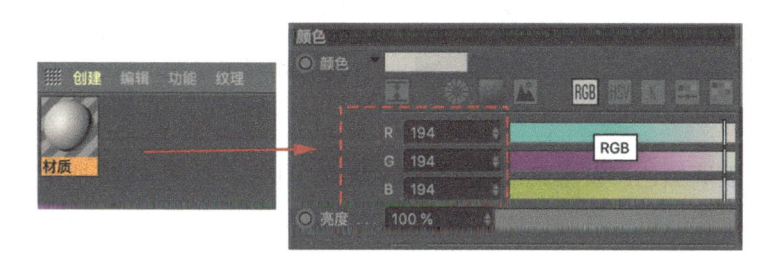

图 4-86　创建材质

（32）设置地面颜色，即"平面"。设置其RGB颜色值为（255,255,255）。再将材质拖曳到"平面"上，如图4-87所示。
（33）设置汽车底盘颜色，设置其RGB颜色值为（132,204,204），如图4-88所示。
（34）设置车体颜色，设置其RGB颜色值为（255,255,255），如图4-89所示。
（35）设置警灯颜色，展开群组，设置"立方体.1"的RGB颜色值为（255,255,255），"立方体.2"的RGB颜色值为（204,0,0），"立方体.3"的RGB颜色值为（62,122,198），如图4-90所示。

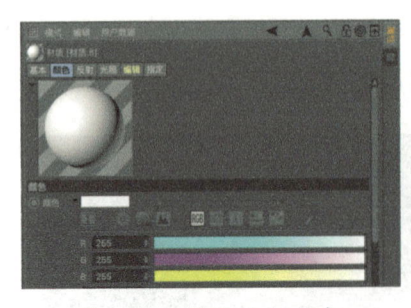

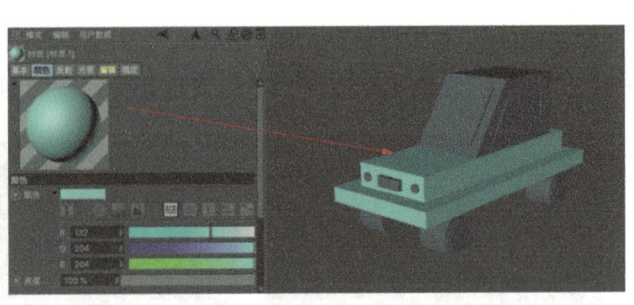

图 4-87 设置地面颜色　　　　　　图 4-88 设置汽车底盘颜色

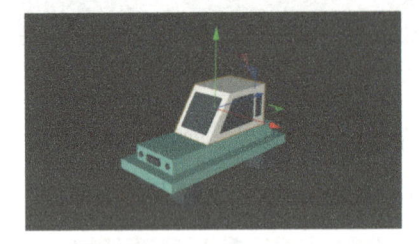

图 4-89 设置车体颜色　　　　　　图 4-90 设置警灯颜色

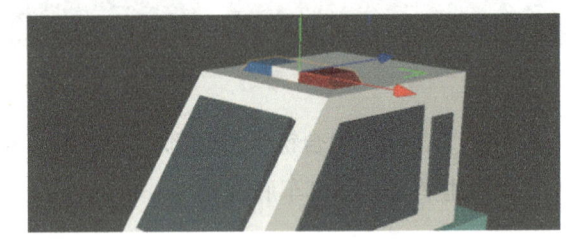

（36）设置前车灯颜色，将"车灯 1""车灯 2"的 RGB 颜色值均设置为（255,255,255），如图 4-91 所示。

（37）设置车牌颜色，设置其 RGB 颜色值为（215,196,88），如图 4-92 所示。

图 4-91 设置前车灯颜色　　　　　图 4-92 设置车牌颜色

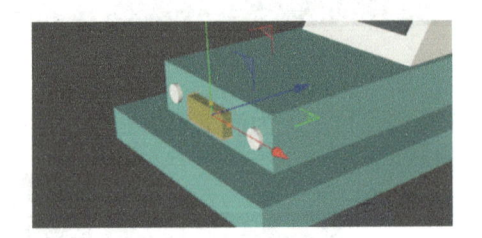

（38）设置玻璃颜色，设置其 RGB 颜色值为（0,0,0），如图 4-93 所示。

（39）设置车轮颜色，将圆柱体和圆柱体 2 的 RGB 颜色值设置为（52,52,56），将圆柱体 1 的 RGB 颜色值设置为（128,126,116）。其他三个车轮同样着色，颜色值一样，如图 4-94 所示。

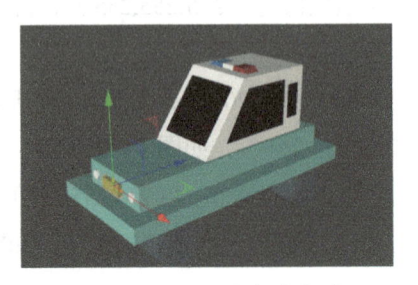

图 4-93 设置玻璃颜色　　　　　　图 4-94 设置车轮颜色

第四章 Cinema 4D 广告立体元素制作

（40）调整地面颜色，设置其 RGB 颜色值为（204,204,204），如图 4-95 所示。

（41）按"Ctrl+B"组合键，编辑渲染设置，选择"效果"级联菜单下的"色彩校正"命令，渲染查看效果，如图 4-96 所示。

图 4-95　设置地面颜色　　　　图 4-96　编辑渲染设置

（42）按"Alt+G"组合键，编组所有对象图层，如图 4-97 所示。

（43）编辑渲染设置，设置"高度"为"660 像素"，"宽度"为"1060 像素"，单击左上角"保存"按钮，完成制作渲染模型并导出图片，如图 4-98 所示。

图 4-97　编组所有对象图层　　　　图 4-98　渲染模型并导出

课题与训练

根据所学内容，结合实训案例，认真分析总结 Cinema 4D 软件建模的方法，并运用 Cinema 4D 软件分别完成"毛发质感立体字母的制作""立方体汽车模型的制作"。

具体要求：

（1）模型制作精致，材质添加精准；

（2）渲染出来的图片画面要清晰完整；

（3）提交作品源文件及 JPG 格式图片。

第五章

H5 广告制作

知识目标

了解 H5 广告的行业应用及未来趋势，掌握 H5 广告制作工具及设计方法，明确 H5 广告的设计特性。

素质目标

提高学生的实践创新能力，培养学生与时俱进的创新精神。

能力目标

通过学习，拓展学生的软件操作技能，能初步运用 H5 工具完成移动端 H5 广告的设计与制作。

第一节　认识 H5 广告及工具

一、认识 H5 广告

日常生活中，常见的广告形式主要有两大类：静态广告和动态广告。随着互联网的不断发展及移动设备的不断更新，我们在熟练地使用手机、平板电脑等设备时会接触到大量的网页信息，网页会把信息从一个端口传送到另一个端口，这些信息就像是一种语言，在经历大量的尝试及应用后，慢慢地变为互联网世界中的一种国际语言，可以称之为 HTML（Hyper Text Markup Language），即"超文本标记语言"，是一种基于互联网的网页编程语言。H5 是 HTML 5 的简称，数字 5 则是指"第五代更新"。

H5 受欢迎的主要原因是它能够应用在 PC、MAC、iPhone、iPad、Android、Windows 等不同设备及操作系统中。所以，H5 广告就是利用 HTML 5 的编码技术所实现的一种数字广告。它的传播方式以移动设备为主，但实际上，它也存在于计算机、数字电视中。

二、H5 广告设计特性

1. 现实性

因为 H5 广告是现代广告的一种表现方式，所以它并不属于单纯的艺术活动，它的表现往往是设计者对产品的特点、功能、内涵的理解，是具有理性的现实性活动。

视频 9：H5 广告设计特性

例如，腾讯公益以《克罗恩美食指南》为主题的 H5 互动广告。"克罗恩病"是一种罕见的炎症性肠道疾病，广告的内容是让人们通过选择喜爱的食物，到食物产生"变异"的过程，去感受克罗恩患者在生活中面对美食犹如面对砒霜的痛苦，让人们了解克罗恩病情的复杂性，以及病人所承受的、难以想象的痛苦，引起社会大众对克罗恩病的广泛关注与认知，给予克罗恩患者更多的关怀与理解，同时提醒更多的年轻群体要注意饮食，促进公益捐助（见图 5-1）。

图 5-1　腾讯公益 H5 广告《克罗恩美食指南》

2. 艺术性

H5 广告的艺术性是指广告所具有的整体统一感和协调感，即 H5 广告作品中各种元素之间相互依存、相互协调的美感，如视觉形象、音乐、时间、情节、场景等方面的表现，将广告与互动融为一体，使广告形成具有独立特征的艺术表现形式。

网易严选与雷山县政府联合启动了品牌共创脱贫计划，并联合中国美术学院的专业团队，以雷山县非物质文化遗产"苗绣"为主要表现形式，为其开发 IP 形象，并应用在产品包装、工艺品及一些文创产品的设计中，历时三个月，制作了《我的苗族好运纹》H5 广告，希望通过 H5 的互动形式让用户体验苗绣，生成自己的好运海报，感受苗绣的美好，助力苗族文化的传播，起到品牌赋能的效果（见图 5-2 和图 5-3）。

图 5-2　网易严选 H5 广告《我的苗族好运纹》

图 5-3　《我的苗族好运纹》H5 广告好运海报

在生成的"好运海报"中，所有的视觉元素都是从苗绣的历史文物中提炼出来的：蝴蝶妈妈是黔东南苗族的祖先，以蝴蝶妈妈传说为核心的蝴蝶纹、龙纹和鸟纹作为主要视觉元素，既阐述了苗绣的历史文化意义，又表达了苗绣的祝福，使人们感受到非物质文化遗产的魅力。

3. 鼓动性

无论是静态广告，还是动态广告，没有鼓动性，就不能称其为广告。因此，鼓动性也是 H5 广告所必须具备的特性之一，可以说它是 H5 广告成功与否的一个标志。

首先，H5 广告作品往往能够通过视觉形象、文字、声音及互动等形式，引发人们对美的渴望和追求，进而产生情感共鸣。其次，传统广告的表现往往是单向对消费者进行传播，而 H5 广告则具备互动性，这种互动性能够促使用户与广告进行直接交流，极易感染和打动用户。

例如，喜马拉雅 App "回顾建党百年，聆听时代的声音" H5 广告案例，就是通过声音与用户进行互动交流。使用每个时代具有代表性的收音机来呈现内容，通过声音播报的形式将建党百年的大事件展现出来，引起大众的情感共鸣，发出自己的时代之声，共庆百年华诞，一起实现中国梦（见图 5-4）。

三、H5 广告交互体验

1. 基于手机传感器的交互方法

手机传感器有加速度传感器、陀螺仪、麦克风、摄像头、GPS 等（见图 5-5）。

手机传感器类型及交互方法	
类别	使用场景
陀螺仪、加速度传感器	体感游戏、AR 演示
麦克风	体感游戏、声音识别、吹气
摄像头	体感游戏、虚拟证件照 / 虚拟化妆、AR 演示
GPS	寻宝、基于位置的个性化广告推荐

图 5-4　喜马拉雅 H5 广告《时代的声音》　　图 5-5　手机传感器类型及交互方法图表

陀螺仪、加速度传感器是手机里负责检测手机角度和手机移动的硬件，当这两个硬件嗅探到数据变化时，就会把数据传递给 H5 广告数据包，然后反馈到手机屏中与用户形成交互。例如，中国银联闪付 H5 广告案例，就一直强调"挥一挥"的交互动作，通过猿猴、原始人挥舞木棍，原始人挥舞火把，航海家挥舞剑，近代人类挥舞发电设备，机器人挥舞手指，暗喻工具的发展。通过引导用户挥舞手机，引出挥舞手机可以进行快捷支付的主题（见图 5-6）。

图 5-6　中国银联 H5 广告

网络广告设计立体化教程

　　使用到摄像头的 H5 互动广告一般需要用户上传头像或风景，经过一定的算法，将上传的素材进行二次加工，融合到广告中去，使用户获得独特的阅读体验。例如，腾讯联合多部门推出的《野生动物保护联盟》H5 广告，需要用户上传头像，利用腾讯优图的人脸融合技术，将用户头像融合到漫画角色中去，达到宣传保护野生动物的目的（见图 5-7）。

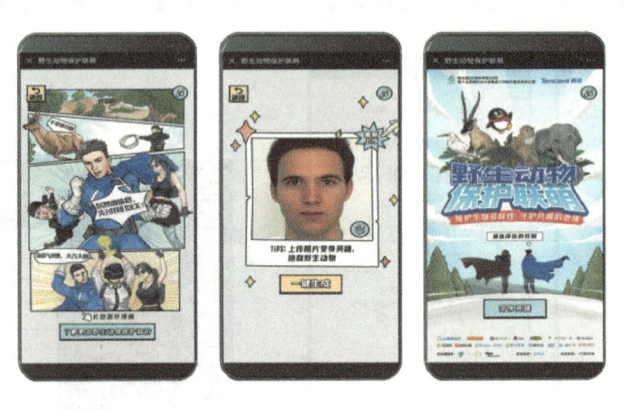

图 5-7　腾讯 H5 广告《野生动物保护联盟》

2. 基于触摸屏的交互方法

　　由于微信小程序可以使用封装的 WebView 阅读 HTML 5，并且可以随意调取开发规范里的各类 API[①] 实现接近多种原生手势的操作，以及通过微信底层技术优化，可以使用户体验更加友好，不用担心浏览器的兼容性和莫名其妙的问题。微信天然的社交属性和成熟的技术方案，促使许多互动广告选择以微信小程序的方式进行传播（见图 5-8）。

　　例如，微信读书里的"知识 PK"小程序，通过 WebSocket 双向通信（保证无须刷新即时通信）、本地缓存（图片与 UI 本地缓存降低与服务器交互延时）技术，支持多人同时交互，使得实时对战成为可能（见图 5-9）。

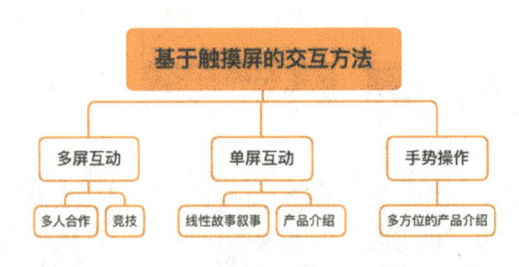

图 5-8　基于触摸屏的交互方法图表

---

① API（Application Programming Interface，应用程序接口）是一些预先定义的函数，或指软件系统中不同组成部分衔接的约定。

136

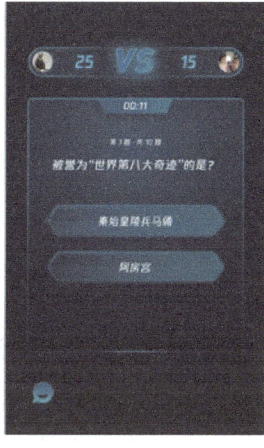

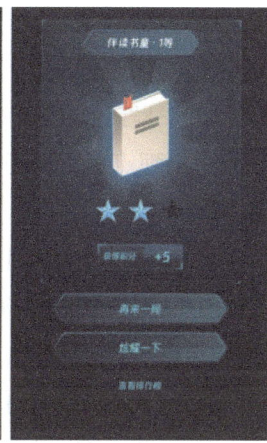

图 5-9 微信读书"知识 PK"小程序

3. 基于画面呈现的交互方法

随着互联网的发展，用 H5 视频介绍产品成为目前市场上比较流行的一种做法，特别是使用短视频加用户选择故事走向的方式，从多视角串起故事主线，最后在故事谜底揭晓的同时显示出产品名称，以此来使用户对产品产生更深刻的印象（见图 5-10）。

例如，TGideas 团队为《忘忧酒馆 3》打造的互动 H5 广告，就是以从广告走向电影的方式来做宣传，通过电影短视频带给用户互动体验，通过故事走向串联"独孤影""独孤雪""林愈旧""无名"四个角色，让用户通过剧情解锁人物，揭开最后的结局（见图 5-11）。

基于画面呈现的交互方法	
类别	使用场景
视频/动画	产品宣传
图片	拼接 剪辑

图 5-10 画面呈现交互方法　　　　图 5-11 H5 广告《忘忧酒馆 3》

四、H5 广告数据回收与复盘

1. 投放前的数据埋点

从投放方的角度来讲，获得广泛关注是投放广告的目的之一。H5 互动广告的"互动性"使得通过广告的交互获得用户的基本行为、爱好等数据成为可能，通常情况下商家会在投放广告前对一些"交互节点"进行埋点以获得用户数据。例如，在入口进行埋点，可以获得 PV[①]、UV[②]、IP[③] 数据，通过这些数据可以分析该广告的新客量；通过阅读页数和"分享"按钮埋点，可以分析该广告的受欢迎程度。

2. 通过分析用户基本行为、偏好特征形成用户画像

在 H5 广告中的交互节点中埋点，可以通过特定的算法分析出该用户的所在地、行业、性别、年龄、星座等信息。

例如，在下一小节中，H5 互动广告案例赏析中"测试类"的《测测你的职业人设》案例，就是根据用户交互行为生成用户画像。商家有了用户画像，就可以进行精准地营销了，将用户群体切分成更细的颗粒度，辅以短信、邮件、活动推送等方法，实施激励、挽回等策略。假设某个企业通过这次 H5 广告得知了用户属于"艺术型"，那么后续的活动方式便可以是推送艺术类书籍、推荐艺术类朋友圈，以获得流量变现的机会。

3. 产品迭代

一个 H5 广告从策划到下线，有一个完整的产品周期。表面上看活动结束了，但回收的数据和人物画像往往可以作为投放方下次活动的参考。再多想一步，就是是否可以通过这次数据实现活动的二次传播，在微博、微信朋友圈等其他社交平台中打造话题，充分发挥活动的长尾效应。这也是广告活动设计者需要思考的问题。

五、H5 互动广告案例赏析

目前可以将 H5 互动广告大致分为以下六个类别，部分广告可以同时归在多类别中。

1. 总结盘点类

总结盘点类广告有较强的时效性，一般在年底上线及传播。盘点类 H5 广告可分为数据型和内容型两类。前者常见于工具型 App，用于回顾用户的活动轨迹，用户出于炫耀心理及认同感，会自愿转发分享，这类 H5 广告往往容易成为爆款广告。而后者则会展示一年内相关的大事件，如年度人物、产品迭代时间线、年度关键词等。

例如，携程商户端在 2018 年上线了一版数据型年终盘点，酒店通过提取一整年的高频评价关键词及年销售额，结合当年流行的表情包和弹幕表现形式，让酒店管理人员在会心一笑的同时达到携程推广 eBooking 产品的目的（见图 5-12）。

又如，知乎 App 通过大数据列举了 2018 年度电影榜单，内容以排行榜的形式展现，分为不同专题，包括好评电影榜 Top10、热议电影榜 Top20、兴趣电影榜、话题电影榜、2019 年度最期待影单、特别企划影单，以及对知乎上一些不同类型电影推荐的榜单的总结。当用户点击单个电影封面时，就可以链接到对应的电影话题中，在交互形式上仅仅使用了上滑和点击方式，这种简单的交互方式往往可以保持用户的沉浸体验（见图 5-13）。

---

① PV（Page View）：访问量，指页面浏览量或点击量，用户每次刷新即被计算一次。
② UV（Unique Visitor）：独立访客，访问广告的一个移动端为一个访客，00:00～24:00 内相同的移动端只被计算一次。
③ IP（Internet Protocol）：独立 IP，指独立 IP 数，00:00～24:00 内相同 IP 地址只被计算一次。

图 5-12　携程酒店 H5 广告

图 5-13　知乎 H5 广告《2018 年度影单》

2. 测试类

腾讯看点根据霍兰德职业兴趣理论，推出了职业人设测试的 H5 广告，完成 6 个问题后生成人设海报，其中展示了人设、人设标签、推荐的专业。旋转人物后还可以看到与用户同类型的名人、未来职业猜想（见图 5-14）。

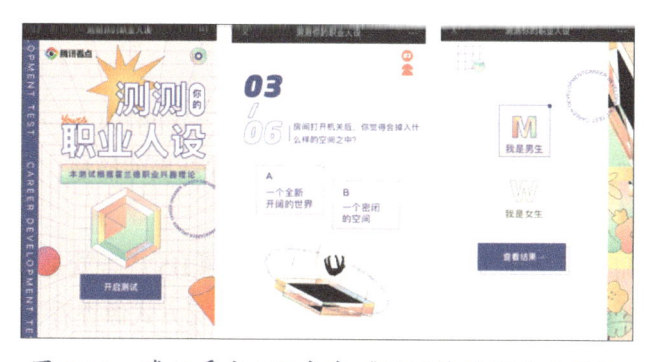

图 5-14　腾讯看点 H5 广告《测测你的职业人设》

图 5-14　腾讯看点 H5 广告《测测你的职业人设》（续）

3. 互动游戏类

互动游戏类广告是与用户交互最多、最需要用户注意力的一种互动广告。例如：CCTV 外语频道通过 H5 广告展示了中国的传统佳节——中秋节。使用蜡笔的表现方式使得画面温馨可爱，上下滑动擀面团、月兔扔鸡蛋、烤箱控温 3 个游戏关卡展示了制作月饼的 3 个步骤，最后显示全家人月下吃月饼的场景，用纪录片形式的视频真实反映出中国传统家庭过节的场面，以达到传播中国文化，让世界了解中国的目的（见图 5-15）。

图 5-15　CCTV 外语频道 H5 广告《Mooncake Making Challenge》

4. 节日类

节日类 H5 广告是受时间影响比较大的一类广告，设计的内容一般以描述节日场景、回忆过往为主。交互上以滑动、点击互动为主，这种互动操作简捷，往往不会过多影响用户对体验内容的沉浸。

例如，网易新闻与北京现代联合推出的母亲节专题 H5 广告就是以回忆为主的，手绘风格轻松有趣，用淡黄色调模仿旧照片，左右滑动的交互方式像查看一本影集。向左滑动，展现孩子出生的甜蜜、生病的焦虑、远行的不舍、毕业的喜悦；向右滑动，展示孩子结婚后离家的思念、母亲带孙辈的辛劳、年老的无力,以此使用户产生共鸣,最后引出主题"妈妈我爱你"(见图 5-16)。

图 5-16　母亲节 H5 广告《时光流转》

5. 情感类

网易公司与人民日报联合推出的 2020 年国际护士节专题 H5 广告,展示了护士的职业路程,向护士职业致敬,使用户也对自己的职业成长之路产生共鸣。这则广告以灰黑色调为主,发着微光的护士在各种大字组成的困难里前行,配合交互手势,描述了护士在成长的过程中无法顾及家庭、易生出职业病,在情绪渲染到低谷后,护士得到来自不同方向的鼓励,最后以真实的数据和照片展示结论,使人看后泪水夺目而出(见图 5-17)。

图 5-17　国际护士节 H5 广告《无人知晓的天使》

6. 经典 IP 类

《大话西游》游戏与敦煌博物馆联合推出的《文物守望计划》是融艺术性与教育性于一体的精美作品,作品处处体现了敦煌艺术的细节,用数字形式重现敦煌文物之美。数据加载页面展示出品方名称和标题,加载进度条用敦煌壁画标志性的蓝、绿、黄、深红,以画像砖纹样组成进度节点,衬以西域风情音乐,很快将用户带入沉浸式的浏览状态。第二个场景是在博物馆参观敦煌飞天，快速交代广告背景。第三个场景展示了制作画像砖、铜镜、陶俑的工作台。以制作铜镜为例，将文物分为形状、主图、纹饰、着色四个主要组成部分，分别自定义组合，使用户在选择组成属性时学习到新知识。有意思的是，当用户进行到着色步骤时，一开始的凿刻工具会改为涂刷工具，并且在工作台上会出现一个装满对应颜色的容器，与现实生活中一致。最后生成的数字铜镜与真实原形对比，生成一张有用户署名的精美的"数字证书"，在用户得到认同感的同时促成分享（见图5-20）。

图 5-20　H5 广告《文物守望计划》

六、常用 H5 制作工具

随着网络广告创新形式的不断发展，H5平台为新一代广告提供了全新的平台和框架。它不用依赖第三方浏览器插件，就可以创建图形、动画及一些过渡效果，使设计师能够体验更多的重要的设计功能，并且让用户在浏览时可以用较少的流量欣赏、感受到广告的视觉效果，进而与用户建立更好的互动关系。常用的 H5 制作工具主要有以下五种。

1. iH5

iH5 是一款可以提供工具培训、HTML 5 制作工具及作品交易等服务的平台，其原名为"VXPLO 互动大师"，免费版有在线教程和客服，功能没有限制；增值版主要针对企业用户，有专门的数据服务，有技术支持和线下培训，能修改加载 Logo 广告及广告标底等。

iH5 的功能较多，用户可以编写代码，设计思路以交互为主，平台工具以对象组件为主，技术要求较高，可拓展性较强。在操作时，输出区可同时作为编辑区，可以在工作台上对图片、视频等素材进行位置、尺寸的设置和基础编辑，也可以通过参数区的属性设置来完成主要的编辑工作，达到资源处理过程的可视化，强大的功能可以帮助设计师实现更多的创意（见图 5-21）。

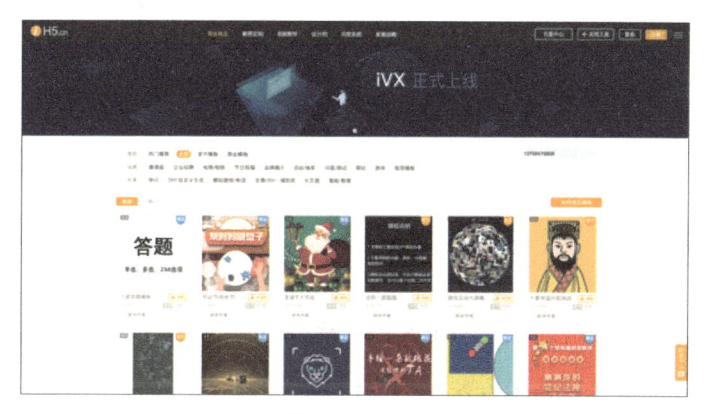

图 5-21　iH5

2. 木疙瘩

木疙瘩是一款专业融媒内容制作与管理工具，增值版主要针对企业用户，其免费版功能也很强大，能够一站式满足内容生产者的需求，如一站式生产 App 图文、微信图文、网页专题、交互 H5 页面动画内容，还可以制作教学课件、新闻类的 H5 页面，能够对视频、图片、图表素材进行灵活处理。它的操作界面和动画的制作方式与 Flash 有很多相似之处，所以上手操作相对容易（见图 5-22）。

图 5-22　木疙瘩

3. MAKA

MAKA 是一个集 H5 在线创作及设计于一体的创意平台。它的操作体验较优，主要用户群体是设计师，在每个制作环节，都会强调实时动态的更新，功能强大。它有很多模版套件，在其素材模版设计平台中，有海量 H5 模版、海报模版等，可以完成海报制作、图片制作等操作（见图 5-23）。

图 5-23　MAKA

关于它的付费情况，免费版有在线教程和人工客服，但数据统计有限制；增值版有专属客服，能去除广告的尾页。

4. 易企秀

易企秀是一款 H5 页面制作工具，其定位是面向普通用户，免费版有在线教程和人工客服；增值版有专属的客服，能够去除广告尾页、底标，具有加载 Logo、添加数据统计等高级功能。

它的模板数量较多，覆盖范围较广，交互效果以翻页为主，可以制作邀请函、电子贺卡、动态音乐相册等。它的菜单工具以模块组件为主，不同模块分别有一组固定对象。在窗口固定的模版区域内，工具和模版具有易用性，更方便用户学习和使用（见图 5-24）。

图 5-24　易企秀

5. 人人秀

人人秀是一款专业的 H5 场景制作工具，它的增值版主要面向企业用户群体，其免费版也提供了很多功能。它的操作体验较为简单，运营工具丰富，支持各种互动插件，能够制作出简单的 H5 翻页效果，可以创建微信红包活动、抽奖活动、投票活动等互动页面（见图 5-25）。

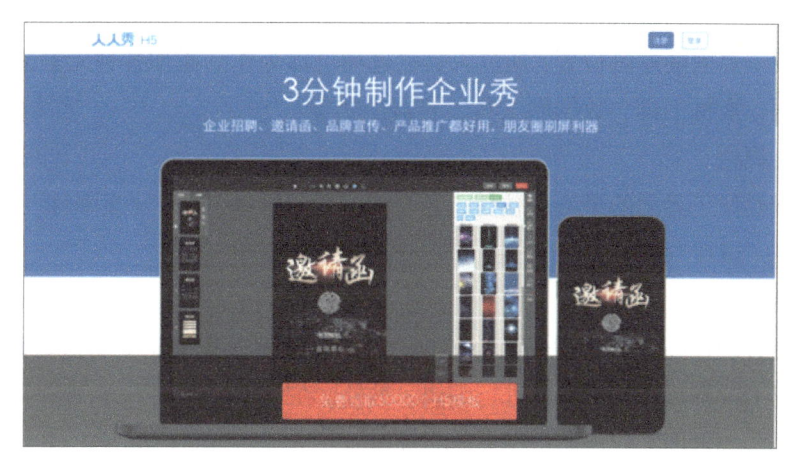

图 5-25　人人秀

第二节　用 iH5 制作互动广告

一、iH5 界面概览

iH5 在线设计工具界面中主要有 8 个模块，分别是舞台、工具栏、扩展工具栏、对象树、属性面板、菜单栏、事件面板、时间轴面板（见图 5-26）。

图 5-26　iH5 在线设计工具界面布局

1. 舞台
创建作品后，在界面中所出现的白色区域就是舞台，它是一个可视化编辑区域。

2. 工具栏
工具栏位于界面的左侧位置，通过工具栏选项可以为作品添加各种元素，如添加图片、文本、输入框、素材工具、数据库工具、容器工具等。

3. 扩展工具栏
扩展工具栏位于界面的最右侧位置，它主要包含"事件""自定义事件""函数""缓动""运动""链接"选项。

4. 对象树
对象树是管理作品所有素材的核心工具，如果想要对某个元素素材进行设置，就要在舞台或对象树上选择元素，然后再进行编辑。另外，在对象树模块下方，还有"锁住""对象组""事件""页面""删除"5个选项按钮。

5. 属性面板
通常情况下，当我们选中舞台中的对象时，就可以在左侧的属性面板中设置对象的属性，如不透明度、背景颜色、阴影效果等属性。还可以选中舞台，对舞台属性进行设置，如设置舞台的大小、背景颜色、播放模式、边框圆角、滑动翻页效果、滚动方式等。

6. 菜单栏
在菜单栏中会有一些按钮和通用的工具，如"文件""小模块""数据库""动效"等，中间还有"预览专用二维码""发布"按钮，右侧还有"撤销""恢复""对齐""分布""隐藏参考线""放大或缩小舞台"等按钮。

7. 事件面板
事件面板和时间轴面板是 iH5 设计工具平台中两大隐藏面板。当我们要做一些简单的交互时，就可以通过单击"添加事件"按钮来完成。

8. 时间轴面板
时间轴面板通常是用来制作一些动画效果的。要想对时间轴进行设置，首先要为对象添加一个动效，然后单击动效，通过动效的属性面板来编辑时间轴，生成更多高级的动画效果。

二、iH5 基础工具介绍

1. 页面工具
页面工具在左侧的工具栏中，当我们选择舞台时，单击页面工具就可以在舞台下方新建一个页面。需要注意的是，此时新建的页面会在原来页面的上方出现，页面呈现的顺序是从下到上的。

2. 图片工具

图片工具可以用来导入图片素材，共有两种方法。第一种，选择图片工具，在舞台中根据需求用鼠标拖曳框选出导入素材的位置及大小，界面就会弹出图片素材的导入路径，进行选择后，舞台中就会出现图片素材。第二种，选择图片工具，用鼠标双击舞台，即可导入图片素材。

3. 文本工具

文本工具主要用来添加文字内容。选择文本工具，光标会变成一个"+"号，选择要添加文字的地方，此时会弹出一个文本内容对话框，输入要添加的文字内容，单击"确定"按钮即可。如果想要编辑多个文本内容，可以再次单击"文本"按钮，选中文字，右击，复制、粘贴文字内容，并移动复制后的文字图层，调整其位置即可。

4. 音频工具

在 iH5 场景中，音频工具可以为广告营造氛围感。单击"音频"按钮，上传所选音频素材，会发现此时的音乐已经被添加到对象树中。选中音乐素材，iH5 页面下方会出现时间轴面板，单击时间轴上任意的点添加标记，然后单击"播放"按钮，音乐就会从时间轴上的该点开始播放。如果想要设置音乐的播放模式、播放速度及播放时长等，可以在属性编辑栏上对其进行设置。

5. 轨迹工具

轨迹工具可以对舞台中的素材进行移动，如果要为飞机图形添加飞行移动的轨迹，或者为动物的爬行添加移动效果等，就可以选择轨迹工具来实现。

三、iH5 菜单栏介绍

1. "缩放"按钮

"缩放"按钮是用来调整舞台画面大小的。通过此项操作，舞台大小可调范围是 50%～120%。如果舞台的大小超出页面可见范围，可以通过选择缩小舞台显示大小来查看它的整体效果。

2. "撤销"按钮

"撤销"按钮的主要功能是返回 iH5 编辑器中的上一步操作。

3. "恢复"按钮

"恢复"按钮可用来恢复已经撤销的操作。

4. "隐藏 / 显示基准线" 按钮

基准线分横线和竖线，它的功能是将舞台中的素材进行对齐，是舞台的辅助线，在操作时可以通过拖曳来完成基准线的设置。此外，如果单击"隐藏 / 显示基准线"按钮，就可以隐藏或显示舞台上的所有基准线。

5. "预览"

"预览"按钮可以用来查看作品的效果，并且每一次预览系统都会自动进行保存。当单击"预览"按钮时，页面就会弹出一个新的网页展示所做的作品案例，此时还会生成一个独立版本的 ID。

6. "预览专用二维码" 按钮

单击"预览专用二维码"按钮，画面中会弹出一个二维码，此时可以通过手机扫描这个二维码来查看作品，但此二维码是未发布的作品，可预览但不能分享。

7. "发布" 按钮

在单击"发布"按钮时，会弹出一个作品基本信息框，可以通过"发布"选项来设置或修改当前作品的一些信息，如作品标题、作品介绍、作品分享时的封面及 iH5 平台中显示的封面等。另外，在"编辑中"和"已发布"模块中可以对新建作品进行编辑及发布。通常情况下，可以在"编辑中"模块中对作品进行修改，但是如果想让作品在已经发布的模块中保存，就要在编辑页面中单击"发布"按钮，这样才能分享二维码和作品链接，并且发布后的作品是不能修改或取消的。

8. "历史" 窗口

"历史"窗口会记录作品在编辑器中的每一步操作，还原操作步骤，通过双击某个操作步骤而返回到该步骤。当双击历史窗口中首条记录时，就能回到编辑案例前的初始化状态。

四、课堂实例教学

实训 13　添加素材

设计内容：H5 作品素材的添加。

学习重点：图片素材的添加方法。

学习难点：文本内容的添加与修改。

软件版本：iH5 3.0 版本。

iH5 支持的素材有很多，如图片、文字、视频、音频等，不同素材的上传标准也有所不同，如图 5-27 所示。

第五章
H5 广告制作

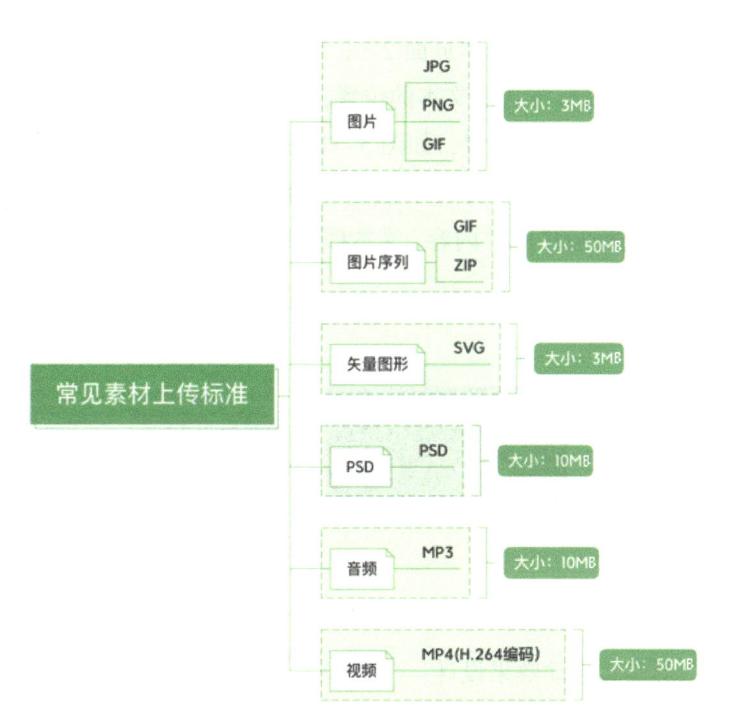

图 5-27　iH5 常见素材上传标准

设计步骤解析

（1）新建作品。设置舞台宽度为"640px"，高度为"1040px"，如图 5-28 所示。

（2）添加页面。选择舞台，单击工具栏上的"页面"按钮，为其添加 2 个页面，分别是页面 1 和页面 2，如图 5-29 所示。

图 5-28　新建作品并设置舞台大小　　　图 5-29　添加页面

（3）添加图片素材。选择舞台下的"页面 1"，在工具栏中单击"图片"按钮，此时光标状态显示为"+"号，用鼠标拖曳的方法框选出素材的位置及大小，然后选择所要上传的图片，完成图片素材的添加，如图 5-30 所示。

图 5-30　添加图片素材

149

（4）添加文本。选择舞台下的"页面2"，在工具栏中单击"文本"按钮，当光标状态显示为"+"号时，拖曳鼠标框选出文本的位置，再输入文本内容"我爱中国，我爱我家"，输入完成后可拖动文本框调整其位置，如图5-31所示。

（5）修改文本。如果想要修改文本内容，有两种方法可以实现。方法一：双击文本。方法二：在属性面板中的"内容"文本框下进行修改，如图5-32所示。

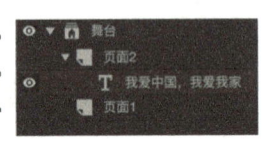

图 5-31 添加文本

图 5-32 修改文本

实训 14 动效和轨迹设计

设计内容：图形旋转滚动效果设计。

学习重点：图形旋转效果设计。

学习难点：图形滚动效果设计。

软件版本：iH5 3.0 版本。

设计步骤解析

（1）新建作品。设置舞台宽度为"640px"，高度为"1040px"。

（2）添加图片素材。双击舞台，打开素材文件夹，拖动图片素材至舞台，如图5-33所示。

（3）设置舞台背景颜色。选中舞台，在舞台的属性面板中设置舞台颜色为"#FEFFE8"，如图5-34所示。

图 5-33 添加图片素材

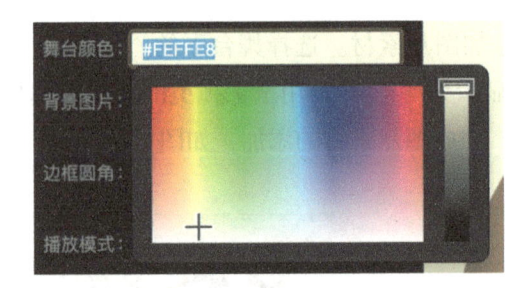

图 5-34 设置舞台背景颜色

（4）旋转效果设置。先将甜甜圈图形放置在舞台的右侧位置，选中甜甜圈素材图层，在菜单栏中单击"动效"按钮下的"旋转（顺时针）"效果，然后在属性面板中单击"播放动效"按钮，查看效果，如图5-35所示。

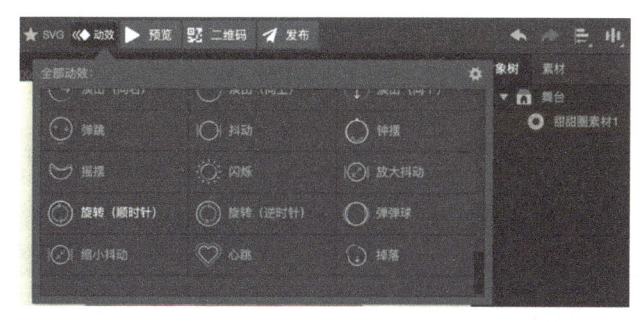

图 5-35 旋转效果设置

（5）滚动效果设置。首先打开属性面板下的"循环播放"效果，再单击"编辑动效"按钮，就会出现时间轴面板，在此可以对图形的运动轨迹进行设置。修改 1 秒关键帧设置，将其 X 坐标数值修改为 200，就能看到图形沿直线滚动的效果，如图 5-36 所示。

（6）查看图形旋转滚动效果。单击"预览"按钮即可查看，如图 5-37 所示。

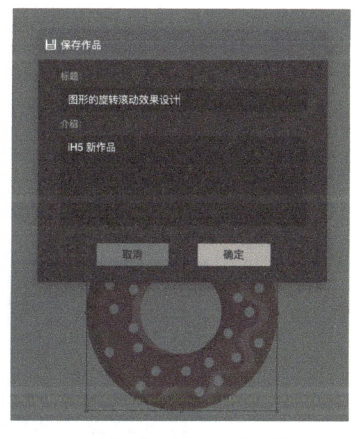

图 5-36 滚动效果设置　　　图 5-37 查看图形旋转滚动效果

实训 15　翻页效果的制作

设计内容：H5 广告翻页效果设计。

学习重点：基础翻页效果设计。

学习难点：花式翻页效果设计。

软件版本：iH5 3.0 版本。

视频 11：H5 广告翻页效果设计

设计步骤解析

（1）新建作品。设置舞台宽度为"640px"，高度为"1030px"。

（2）添加页面。在工具栏中单击"页面"按钮，为广告添加 4 个页面，注意每个页面都是独立的，并且可以在不同的页面中为广告添加不同的内容，如图 5-38 所示。

（3）添加图片素材。选中舞台下方的"页面 1"，选择图片工具，用打开素材文件夹

151

网络广告设计立体化教程

直接拖动图片的方法，把广告不同页面的内容添加进来。注意，页面2、页面3、页面4中图片素材的添加方法与页面1相同，如图5-39所示。

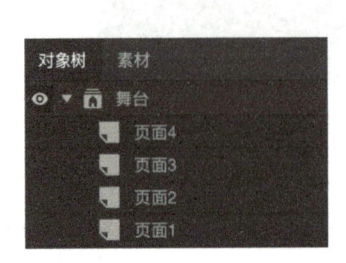

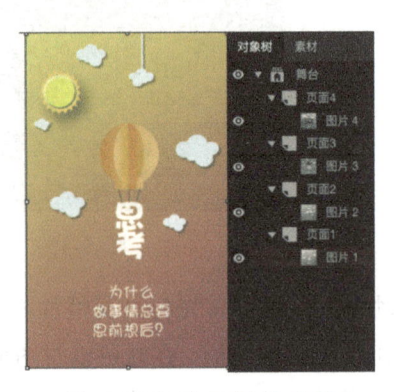

图5-38　添加页面　　　　　图5-39　添加图片素材

（4）基础翻页效果设计。在对象树中选中"舞台"，在其属性面板中选择"滑动翻页"选项，将滑动翻页效果设置为"上"，并将"循环翻页"按钮打开，然后进行预览，就可以预览到广告下一页内容，完成H5广告基础翻页效果的设计，如图5-40所示。

（5）花式翻页效果设计。选中舞台下某个页面，对所选页面的属性进行单独设置，如将前翻效果设置为"缩小向右"，将后翻效果设置为"淡入/淡出"，并用相同的方法依次为页面2、页面3、页面4设置翻页效果，如图5-41所示。

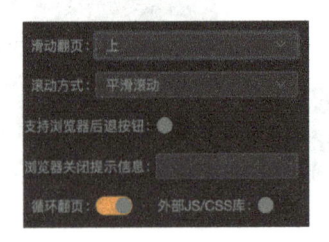

图5-40　基础翻页效果设计　　　　　图5-41　花式翻页效果设计

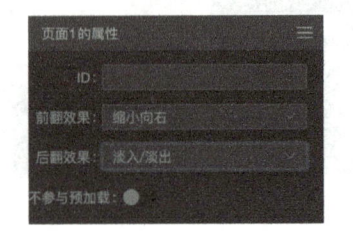

（6）查看翻页效果，单击菜单栏中的"预览"按钮，预览并完成花式翻页效果的设计。

实训16　作品发布与微信标题设置

设计内容：H5广告的发布。

学习重点：发布H5广告作品的方法。

学习难点：H5广告微信标题的设置。

软件版本：iH5 3.0版本。

设计步骤解析

（1）发布作品。选择已经完成的作品，单击菜单栏上的"发布"按钮，在弹出的"发布作品"对话框中，填写作品标题、介绍、封面等信息。输入标题"生活可爱，万物可期"，

第五章
H5 广告制作

再为作品选择一个封面，然后添加作品介绍说明，单击"下一步"按钮，再单击"发布"按钮，完成作品的发布，如图 5-42 所示。需要注意的是，在此设置的作品信息，如封面及作品介绍往往在进行微信转发时是无效的。

（2）添加微信工具。在左侧工具栏中选择微信工具，在舞台中显示名称为"微信 1"，如图 5-43 所示。

图 5-42　发布作品　　　　　图 5-43　添加微信工具

（3）设置"微信 1"属性。在标题栏中输入"生活可爱，万物可期"，在描述中输入"H5 广告"，如图 5-44 所示。

（4）插入封面。在"微信 1"属性中单击"分享截图"中的"上传图片"按钮，选择封面图片，等待图片上传完成，如图 5-45 所示。

（5）发布与分享作品。返回菜单栏中单击"发布"按钮，然后复制作品链接或扫描二维码对作品进行查看，然后再进行分享转发，如图 5-46 所示。此时的作品标题、介绍及封面的设置都是有效的。

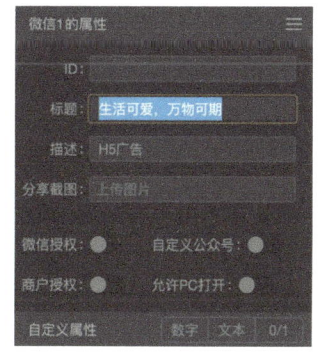

图 5-44　设置"微信 1"属性　　　　　图 5-45　插入封面

153

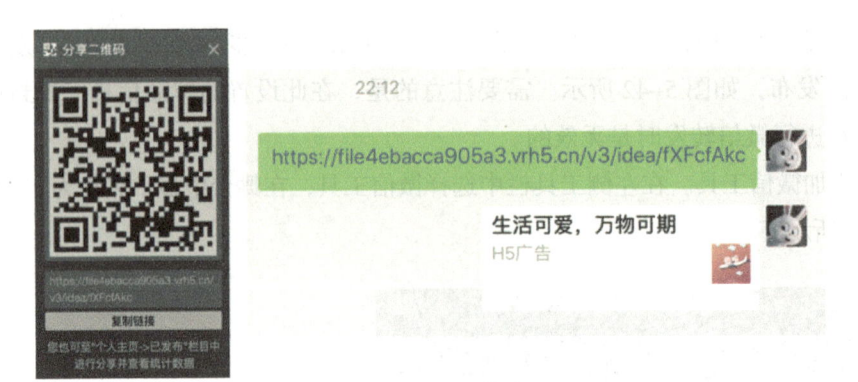

图 5-46　发布与分享作品

课题与训练

结合所学内容，选择一款 H5 制作工具，以"恭贺新春"为主题，完成一个节日类 H5 宣传广告。

具体要求：

（1）设置页面尺寸为 1064px×640px。

（2）数量为三屏，可翻页滑动。

（3）页面应具备滑动指示设计。

（4）完成后提交作品二维码及作品链接。

第六章

网络广告综合实训

知识目标

掌握平面广告、H5 广告、GIF 广告的设计与制作方法，明确不同类型广告表现形式的设计特点。

素质目标

培养学生弘扬优秀传统文化、保护文化遗产的意识；提升学生社会参与、社会行动的能力。

能力目标

使学生能够综合运用所学知识、技能完成不同形式主题广告的设计。

第一节 静态网络广告制作

项目案例1　第七届全国高校数字艺术设计大赛命题类学生获奖作品

设计内容：《走进寻乌》主题公益扶贫系列广告的宣传设计。

设计要求：平面类，作品文件不小于A3幅面，分辨率为300dpi，JPG格式，RGB\CMYK颜色模式。

软件版本：Adobe Illustrator CS6版本。

1. 创意说明

作品主要以插画风格展示，海报中的插画人物围绕寻乌县客家人形象进行设计，特色建筑的刻画以毛泽东寻乌调查纪念馆大门、寻乌调查旧址、红军医院旧址、灵石温泉之康乐围、南桥镇车头村车头文昌阁、澄江镇周田村下田塘湾围拢屋、晨光镇沁园春村古璘公祠、灵石温泉、仙桃石、蝌蚪望月等建筑为原型进行插画创作。后期再将海报插画中的元素应用在明信片、胸章、书签、环保袋、纸袋中做旅游文化衍生品设计。希望通过文化衍生品设计，展现寻乌当地自然景观、人文景观特色，让更多人知道寻乌、喜爱寻乌，推动其经济发展，传承地域文化，如图6-1所示。

图6-1　全国总决赛一等奖　作者：李佳美；指导教师：杨爽

2. 设计步骤解析

（1）新建项目1。设置宽度为"297mm"，高度设置为"420mm"，分辨率"300dpi"，"RGB颜色"模式，将其命名为"作品1"，如图6-2所示。

（2）绘制人物形象"帽子"。以寻乌县客家人穿着的服饰为参考，使用钢笔工具绘制帽子的形态，选择渐变工具进行颜色填充，设置类型为"线性"，颜色值为（231,115,156）（198,22,103），如图6-3所示。

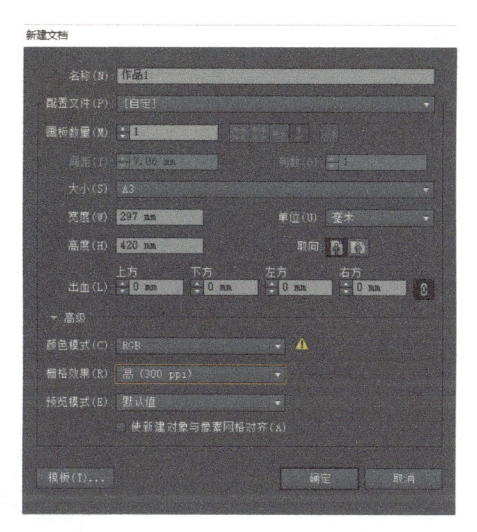

图 6-2 新建项目 1

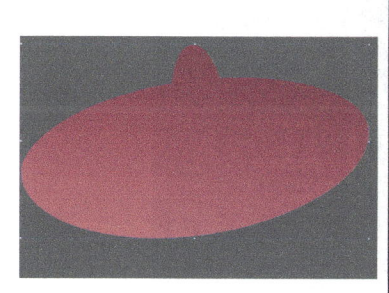

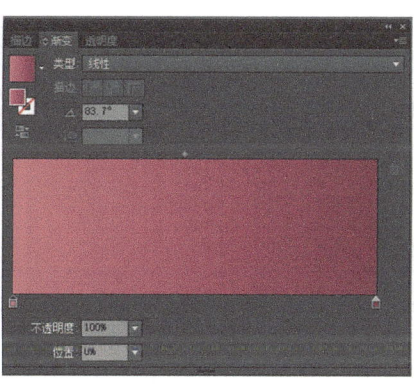

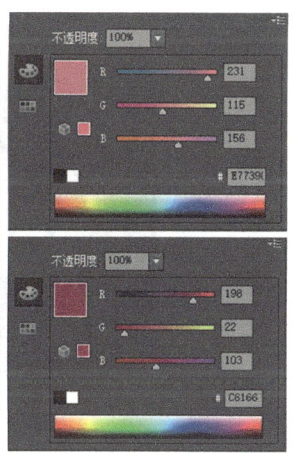

图 6-3 绘制人物形象"帽子"

（3）绘制人物形象的脸和眼睛。使用椭圆工具绘制脸的形状，设置颜色值为（239,234,216）。再次使用椭圆工具绘制眼睛，选择渐变工具进行颜色填充，设置类型为"径向"，颜色值为（42,24,0）（76,46,12），如图 6-4 所示。

（4）绘制人物形象细节。使用钢笔工具绘制头发，选择渐变工具进行颜色填充，设置类型为"线性"，颜色值为（174,109,46）（204,153,102）。使用钢笔工具绘制人物的颈部和四肢，选中颈部与四肢，使用吸管工具吸取脸部颜色进行填色。再继续使用钢笔工具绘制服装，分别选中上衣和裤子，使用吸管工具吸取帽子颜色，再使用渐变工具从不同的角度进行颜色填充，如图 6-5 所示。注意，此部分图层较多，建议编组，方便后续作品的调整与修改。

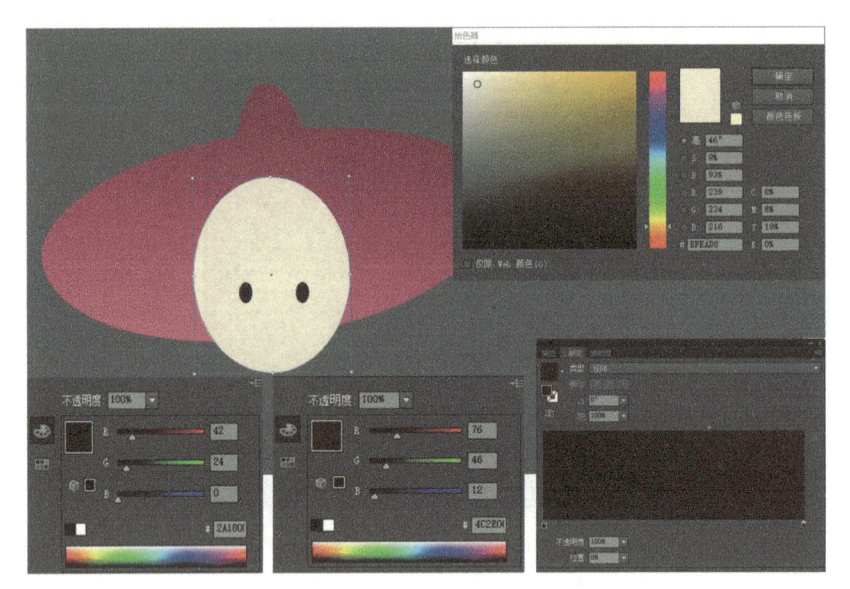

图 6-4　绘制人物形象的脸和眼睛

图 6-5　绘制人物形象细节

（5）制作人物发光效果。选中人物，单击菜单栏中的"效果"→"风格化"→"外发光"选项，模式选择"正常"，设置不透明度为"50"%，模糊为"1.76"mm，颜色值为（226,222,93），单击"确定"按钮，如图 6-6 所示。

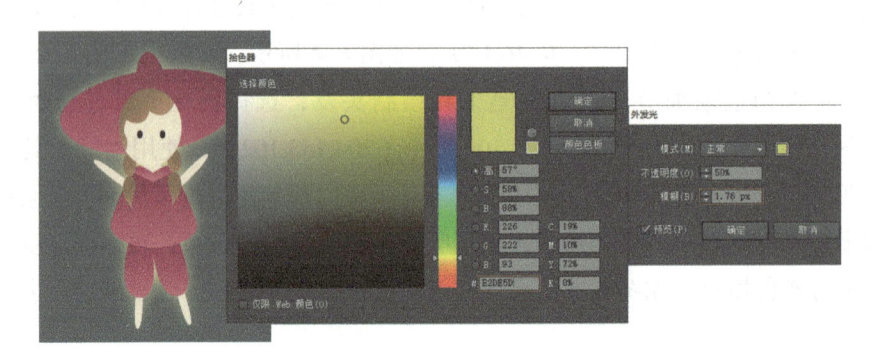

图 6-6　制作人物发光效果

（6）绘制不同人物形象。根据寻乌县客家人不同服饰的样式，按照同样的方式画出其他人物形象，如图 6-7 所示。

图 6-7　绘制不同人物形象

（7）绘制建筑图形 1。根据素材图片，使用钢笔工具绘制屋顶，设置颜色值为（174,102,73），使用矩形工具绘制楼体，使用多边形工具绘制墙体图案，设置边数为"3"，单击"确定"按钮，然后调整形状。再按"Ctrl+C"组合键复制墙体图案，按"Ctrl+V"组合键粘贴，如图 6-8 所示。注意，此部分图层较多，建议编组，方便后续作品的调整与修改。

（8）绘制建筑图形 2。根据素材图片，使用钢笔工具绘制屋顶，使用矩形工具绘制房体，设置颜色值为（240,183,168），使用多边形工具绘制墙体图案，如图 6-9 所示。

图 6-8　绘制建筑图形 1　　　　图 6-9　绘制建筑图形 2

（9）绘制建筑图形 3。根据素材图片，使用钢笔工具绘制建筑顶部，设置颜色值为（141,205,196），使用矩形工具绘制门柱、匾额，按以上操作绘制建筑图形 3，如图 6-10 所示。

（10）绘制建筑图形 4。根据素材图片，使用矩形工具绘制屋顶、屋檐、楼体、门窗，使用多边形工具，设置边数为"3"，单击"确定"按钮，并调整形状。按"Ctrl+C"组合键复制图形，按"Ctrl+V"组合键粘贴，在楼体上进行排列设计，如图 6-11 所示。

图 6-10　绘制建筑图形 3　　　　图 6-11　绘制建筑图形 4

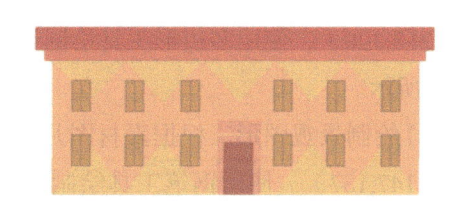

（11）绘制建筑图形5。根据素材图片，使用钢笔工具绘制屋顶，再使用矩形工具绘制楼体和门窗，使用多边形工具绘制墙体图案。按以上操作绘制建筑图形，如图6-12所示。

（12）绘制山体与草地。根据素材图片，使用钢笔工具绘制山体，设置颜色值为（38,73,149）。再使用钢笔工具绘制草地，设置颜色值为（109,131,49），如图6-13所示。

图6-12 绘制建筑图形5　　　　图6-13 绘制山体与草地

（13）绘制山体与山脚草地。根据素材图片，使用钢笔工具绘制山体，分别设置颜色值为（252,236,197）（245,213,119）（232,172,86）。使用钢笔工具绘制山脚草地，设置颜色值为（109,131,49），如图6-14所示。

（14）绘制建筑图形6，根据素材图片，使用钢笔工具绘制屋顶，设置颜色值为（171,124,73），使用矩形工具绘制楼体，使用多边形工具绘制墙体图案，再按不同宽度进行拉伸并在墙上排好，如图6-15所示。

图6-14 绘制山体与山脚草地　　　　图6-15 绘制建筑图形6

（15）绘制建筑图形7。根据素材图片，使用矩形工具绘制楼体，设置颜色值为（246,213,120），使用多边形工具绘制墙体图案，按不同摆放位置进行拉伸、排列，如图6-16所示。

（16）绘制景观图形。根据素材图片，使用钢笔工具绘制不同温泉形状，设置颜色值为（100,147,187）。使用钢笔工具绘制温泉底部边缘，设置颜色值为（219,160,82），如图6-17所示。

第六章
网络广告综合实训

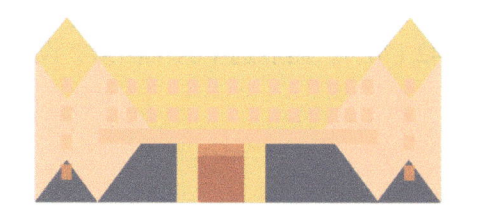

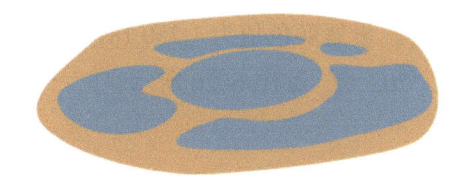

图 6-16 绘制建筑图形 7　　　　图 6-17 绘制景观图形

（17）填充背景颜色。使用矩形工具绘制背景矩形，设置宽度为"297mm"，高度为"420mm"，选择渐变工具进行颜色填充，设置类型为"径向渐变"，不透明度为"100"％，设置颜色值为（98,42,176）（224,205,140）（250,238,133），拖动鼠标进行渐变颜色填充，如图 6-18 所示。

图 6-18 填充背景颜色

（18）制作纹理化背景。选中背景矩形，单击菜单栏中的"效果"→"纹理"→"纹理化"选项，设置纹理为"画布"，缩放为"91"％，凸现为"3"，光照为"上"，单击"确定"按钮，如图 6-19 所示。

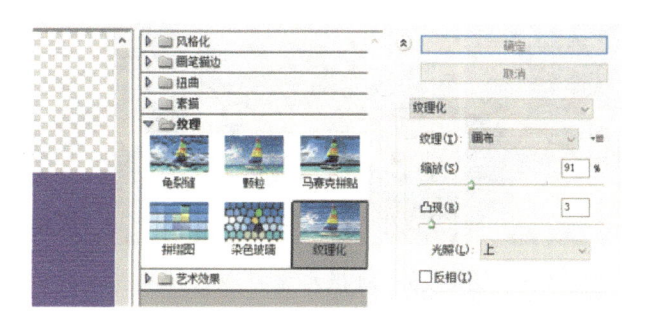

图 6-19 制作纹理化背景

161

（19）绘制云朵图形。使用钢笔工具绘制云的形状，选择渐变工具，设置类型为"线性"，设置颜色值为（250,181,133）（131,42,176），然后选中云朵图形，设置不透明度为"70"%，如图6-20所示。

图6-20 绘制云朵图形

（20）添加海报主标题。选择文字工具，输入文字"寻"和"鸟"，设置字体为"迷你简黄草"，字号为"184pt"，将其摆放在目标位置，如图6-21所示。

（21）添加海报副标题。使用圆角矩形工具绘制白底。使用直排文字工具，输入"中国江西"，设置字体为"华文细黑"，字号为"28pt"，将其摆放在目标位置，如图6-22所示。

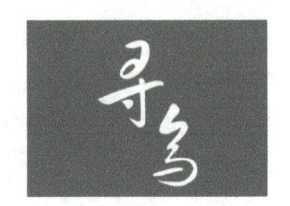

图6-21 添加海报主标题　　　图6-22 添加海报副标题

（22）海报元素排版设计。将完成的人物形象、建筑、云朵、山体和标题等元素分别进行不同版式的排版设计，最后得到作品1、作品2、作品3，如图6-23所示。

图6-23 海报元素排版设计

（23）文创设计。将海报插画中的元素进行延伸，设计文创作品，如图6-24所示。

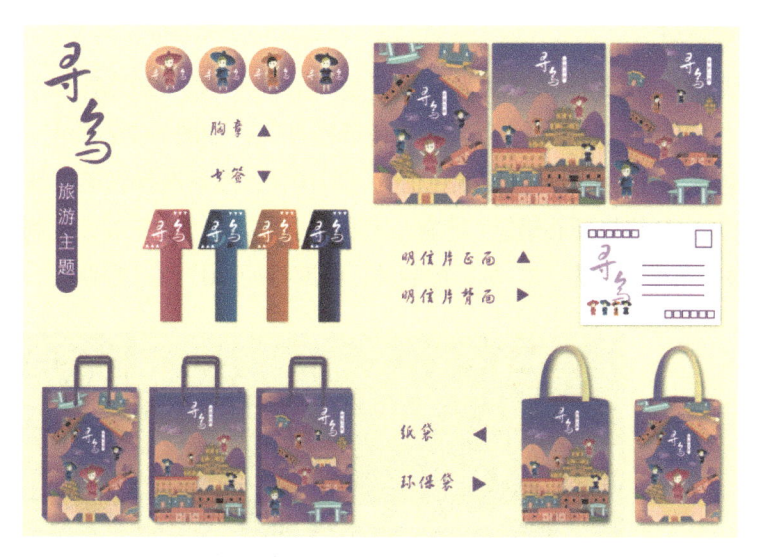

图 6-24　文创设计展示

项目案例 2　第九届全国高校数字艺术设计大赛非命题类学生获奖作品

设计内容：《兔儿爷奔月》系列广告宣传设计。

设计要求：平面类，作品文件不小于 A3 幅面，分辨率为 300 像素/英寸，JPG 格式，RGB\CMYK 颜色模式。

软件版本：Adobe Photoshop 2019。

1. 创意说明

中秋节是中国传统文化节日，2006 年 5 月 20 日，国务院将其列入首批国家级非物质文化遗产名录。兔儿爷是北京市的地方传统手工艺品，如今已经成为最具代表性的北京非物质文化遗产之一。

本次作品设计围绕中秋节传统习俗和现代科技发展，希望通过《兔爷挂月》《娇儿拜月》两幅插画广告展现出浓浓的中秋节日氛围。同时，又将作品中的不同形象、元素应用在现代包装等设计中，目的是让更多人去了解北京兔儿爷的特色，传承兔儿爷非物质文化遗产，如图 6-25 所示。

图 6-25　全国总决赛一等奖、吉林赛区一等奖　作者：王辛平；指导教师：杨爽

2. 设计步骤解析

（1）新建项目1。设置作品宽度为"297"毫米，高度为"420"毫米，分辨率为"300"像素/英寸，"RGB颜色"模式，命名为"兔爷挂月"，如图6-26所示。

（2）设置笔刷。新建图层，设置颜色值为（0,0,0），然后选择画笔工具，设置笔刷为干介质画笔中的"KYLE终极硬心铅笔"笔刷，笔刷大小抖动为"15"%，控制钢笔压力；最小直径为"30"%；角度抖动为"8"%，控制关；圆度抖动"0"%，控制关，如图6-27所示。

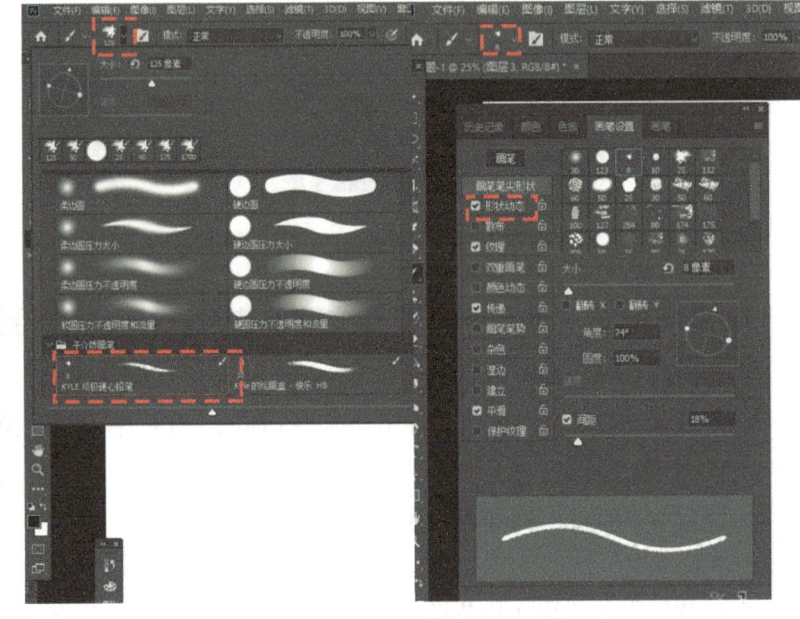

图6-26 新建项目1　　　　　　　　图6-27 设置笔刷

（3）绘制草稿。接下来，用直线、矩形、圆形绘制出兔儿爷、嫦娥五号、月亮、天空、云、月饼、兔子等形象元素的大概位置及轮廓，如图6-28所示。

（4）绘制线稿细节。新建图层，把线稿不透明度调至"45"%，设置笔刷为干介质画笔中的"KYLE终极硬心铅笔"笔刷，绘制画面中所有形象元素的具体形态及细节，如图6-29所示。

图6-28 绘制草稿　　　　　　　　图6-29 绘制线稿细节

（5）铺底色。新建图层背景，选择较浅的蓝色作为画面底色，进行大面积铺色，设置颜色值为（140,188,196），如图6-30所示。

（6）铺大色调。再次新建图层，选择较深的蓝色为夜晚天空填充颜色，设置颜色值为（52,52,52），设置云朵颜色值为（255,255,255）（247,232,212）并填充。然后再根据兔儿爷的形象特点选择颜色进行填充，设置衣服颜色值为（187,47,42）（185,57,37），帽子颜色值为（245,202,73）（248,212,87），月饼颜色值为（213,149,84）（194,70,20），兔子颜色值为（248,231,200）（187,243,135），兔子衣服颜色值为（187,243,135），大树颜色值为（165,239,193），如图6-31所示。

图6-30　铺底色 　　　　　　　　图6-31　铺大色调

（7）绘制兔儿爷五官细节。用干介质画笔中的"KYLE终极炭笔"绘制出兔儿爷的五官等细节，如图6-32所示。

（8）完善作品细节及效果。为画面背景添加光影和投影效果，同时添加月亮、孔明灯、烟花等视觉元素，使作品更加丰富，让作品有夜晚星空、明月高挂的视觉效果。可以设置明月的颜色值为（254,251,66），孔明灯的颜色值为（238,141,53）（248,185,52）。此外，在绘制期间，可适当为不同视觉元素、形象添加过渡色，完善作品的细节及效果。第二幅作品"娇儿拜月"的绘制方法参考"兔爷挂月"即可，如图6-33所示。

图6-32　绘制兔儿爷五官细节 　　　　　　　　图6-33　完善作品细节及效果

（9）文创产品设计。运用作品中的视觉形象等元素进行文创产品、月饼礼盒设计。例如，将兔儿爷单独以玩偶形象呈现，还有钥匙扣、滑板、台灯、耳环、古风团扇等设计。通过对作品的延伸设计，让更多人去了解、保护非物质文化遗产，展现中华传统节日文化的魅力，如图6-34所示。

图6-34 文创产品设计

第二节　动态网络广告制作

项目案例3　《兔儿爷奔月》H5广告设计

设计内容：H5广告设计与制作。

设计要求：作品不少于3幅画面，页面尺寸为1060px×640px。

软件版本：Adobe Photoshop 2019、木疙瘩H5（专业版编辑器）。

1. 创意说明

本次设计是《兔儿爷奔月》获奖作品的一次延伸性设计。学生将《兔儿爷奔月》静态广告通过Photoshop、木疙瘩H5平台，进行动态效果H5广告作品的设计与制作，如图6-35所示。

2. 设计步骤解析

（1）新建项目1。打开Photoshop，新建项目1，设置页面大小，宽度为"640px"，高度为"1060px"，分辨率为"300"像素/英寸，"RGB颜色"模式，并将其命名为"作品1"，如图6-36所示。

图 6-35 《兔儿爷奔月》H5 广告设计 作者：王辛平；指导教师：杨爽

（2）置入作品。将已经完成的静态作品依次拖入新建的画布内，并建好文件夹进行区分，调整大小，如图 6-37 所示。

图 6-36 新建项目 1　　　　　图 6-37 置入作品

（3）创建视频时间轴。选择窗口中的时间轴工具，单击时间轴上的"创建视频时间轴"按钮，然后单击时间轴左下角的 3 个小方块按钮，转换为帧动画，再返回"图层属性"面板，选择要制作的动态元素所在图层，进行动态效果的设置，如图 6-38 所示。

图 6-38 创建视频时间轴

（4）制作动画效果。实时调整动画效果，并调整时间，如图 6-39 所示。

（5）保存作品。按"Ctrl + Shift + Alt + S"组合键，分别对作品进行存储，存储为 GIF 格式，如图 6-40 所示。

图 6-39　制作动画效果　　　　　　　图 6-40　保存作品

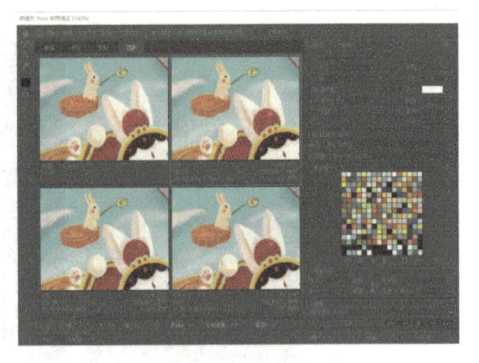

（6）打开木疙瘩 H5 平台。打开木疙瘩的官方网址，登录账号，创建新作品，选择"H5（专业版编辑器）"，如图 6-41 所示。

（7）导入作品。在工具栏中单击"导入图片"工具，在弹出的素材库界面中单击"+"号按钮，将素材文件拖入页面，如图 6-42 所示。

图 6-41　打开木疙瘩 H5 平台　　　　　图 6-42　导入作品

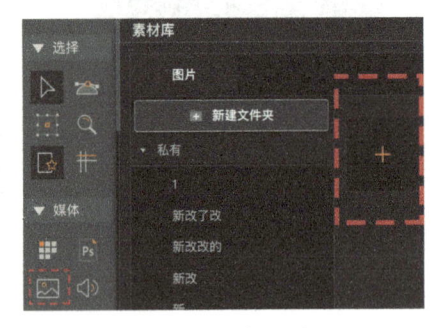

（8）添加两幅新页面，并导入作品。单击"导入图片"按钮，将 GIF 作品文件依次导入页面中，如图 6-43 所示。

图 6-43　添加新页面并导入作品

（9）添加音乐素材。选择工具栏中的导入声音工具，然后单击"+"号按钮，将素材拖入页面，完成背景音乐的添加，如图6-44所示。

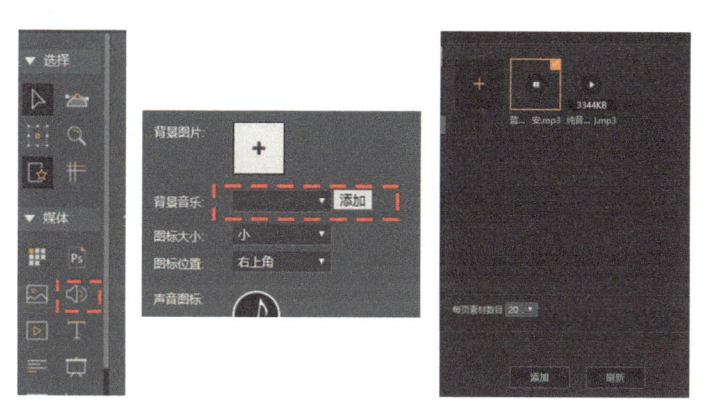

图6-44　添加音乐素材

（10）预览作品效果。单击"保存"按钮，对作品进行保存。然后单击"预览"按钮，查看作品效果，如图6-45所示。

（11）生成效果预览二维码及预览地址。单击"内容共享"按钮，生成二维码，保存二维码或复制链接，即可查看作品效果，如图6-46所示。

图6-45　预览作品效果　　　　图6-46　二维码及预览地址

项目案例4　《性别平等》GIF广告设计

设计内容：《联合国可持续发展目标》公益主题GIF系列广告设计。

设计要求：动态海报类作品，作品文件格式为GIF，尺寸为800px×1200px，分辨率不小于72像素/英寸。

软件版本：Adobe Illustrator 2020、Adobe Photoshop 2020。

1. 创意说明

作品围绕可持续发展目标中的"性别平等"主题目标进行海报设计，以男女性别符号

网络广告设计立体化教程

为视觉主要图形进行表现。画面中两种不同的眼镜分别代表男性群体和女性群体，在海报的动态变化中，以主人公的视角去观看，视角中性别符号开始发生变化，寓意在社会生活中，总有一些男性和女性会以带有偏见的、陈旧的观念去对待女性，即"重男轻女"。符号化的设计表现是希望人们清晰、直观地发现问题，呼吁人们进一步增强人权平等、性别平等的意识，强调追求平等才能让社会文明进步与发展，如图6-47所示。

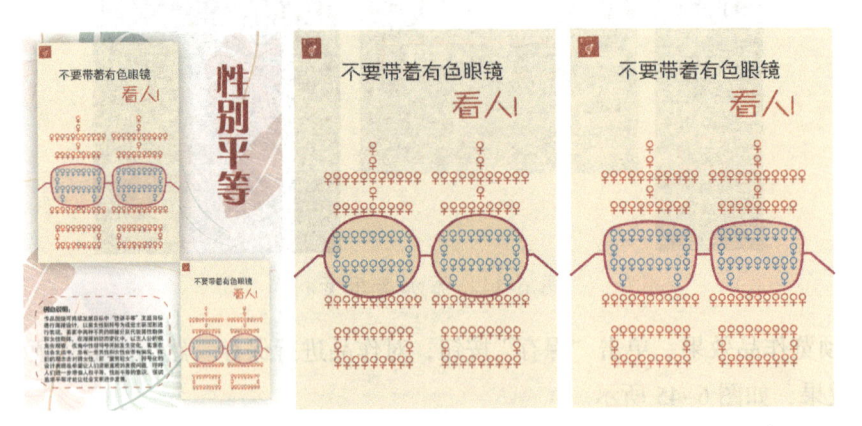

图 6-47　吉林赛区一等奖　作者：丛邑枫；指导教师：杨爽

2. 设计步骤解析

（1）新建项目1。设置页面宽度为"800px"，高度为"1200px"，分辨率为"300"像素/英寸，"CMYK颜色"模式，命名为"作品1"，如图6-48所示。

（2）绘制男性性别符号。使用椭圆工具绘制一个圆形和一个箭头符号形状，将两个图形拼合在一起，填充描边，设置颜色值为（100,0,0,0），如图6-49所示。

图 6-48　新建项目1　　　　图 6-49　绘制男性性别符号

（3）绘制女性性别符号，使用椭圆工具绘制一个圆形和加号形状，将两个图形拼合在一起，填充描边，将设置颜色值为（0,96,94,0），如图6-50所示。

（4）制作"囍"字图形。运用群化图形方式，将"女性性别符号"和"男性性别符号"图形结合，拼合成一个"囍"字效果的图形，如图 6-51 所示。

图 6-50　绘制女性性别符号　　　　图 6-51　制作"囍"字图形

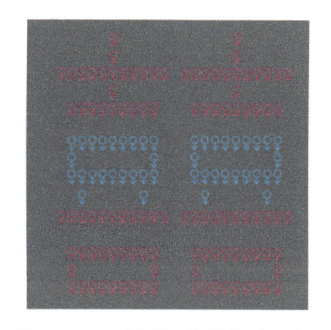

（5）绘制镜框。绘制两个镜框，一个代表男性，一个代表女性。进行颜色填充，设置颜色值为（0,100,0,0），如图 6-52 所示。

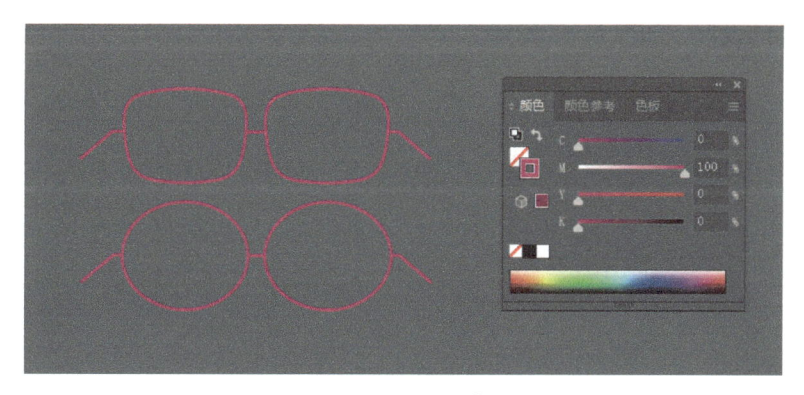

图 6-52　绘制镜框

（6）添加镜片。填充镜片颜色，设置颜色值为（15,100,100,0），不透明度为"10"%，如图 6-53 所示。

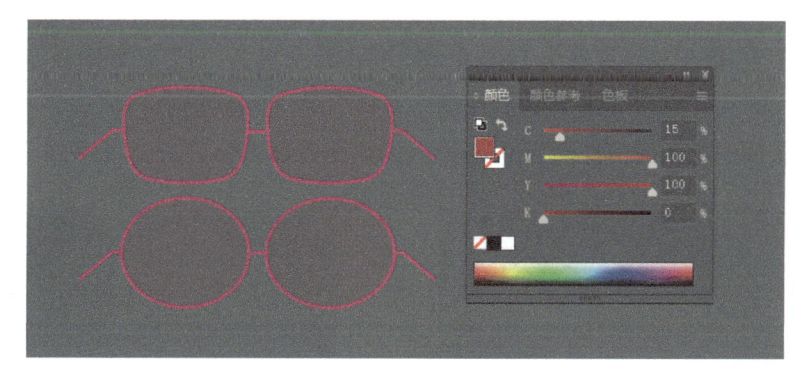

图 6-53　添加镜片

（7）绘制海报细节。将不同眼镜图形分别放在"囍"字的"男性性别符号"上，如图 6-54 所示。

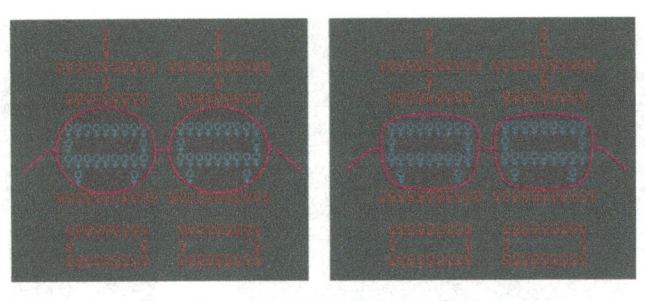

图 6-54　绘制海报细节

（8）添加海报标题及背景色。输入文字"不要带着有色眼镜看人！"，设置字体为"迷你简稚艺"，将"不要带着有色眼镜"8 个字填充为黑色，设置字号为"65pt"；将"看人！"两个字填充为红色，设置字号为"98pt"。然后设置背景颜色值为（7,9,14,0），完成两张静态海报作品的设计，如图 6-55 所示。

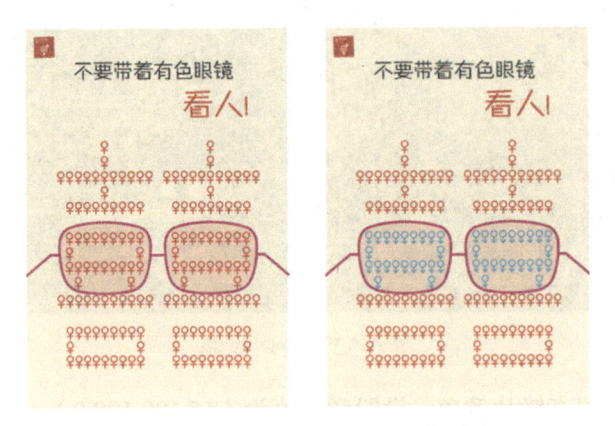

图 6-55　添加海报标题及背景色

（9）保存图片"1"，准备元素制作动态海报。打开 Photoshop 软件，先把"囍"字图形中"男性性别符号"部分单独存储为 PNG 格式，将图片命名为"1"，如图 6-56 所示。

（10）保存图片"2"，准备元素制作动态海报。用"女性性别符号"图形拼合成与图片"1"相同形状的群化图形，存储为 PNG 格式，将图片命名为"2"，如图 6-57 所示。

图 6-56　图片"1" 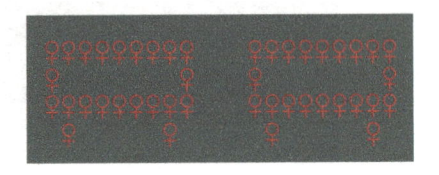　　　　　　图 6-57　图片"2"

（11）调整细节。分别将两张静态海报中镜片内的男、女性别符号图形删除，并保存图片，存储为 JPG 格式，将图片分别命名为"3""4"，如图 6-58 所示。

（12）置入动图元素。打开图片"3"，把图片"1"和图片"2"一同置入。先隐藏图片"1"，然后把图片"2"放置到镜片区域内；再将图"2"隐藏，把图"1"放到镜片区域内，如图 6-59 所示。

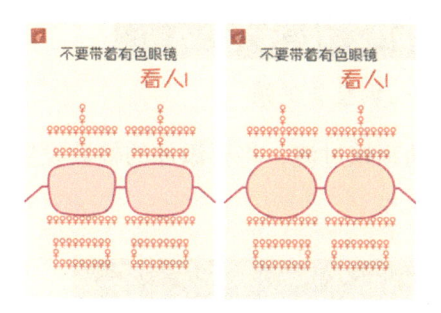

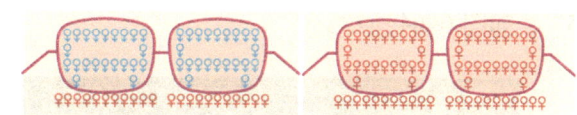

图 6-58 图片"3"和图片"4"

图 6-59 置入动图元素

（13）打开时间轴。隐藏图片"1"，取消隐藏图片"2"，选择"窗口"→"时间轴"命令，如图 6-60 所示。

（14）设置帧动画。单击转换为帧动画，设置帧延迟为 0.3 秒，如图 6-61 所示。

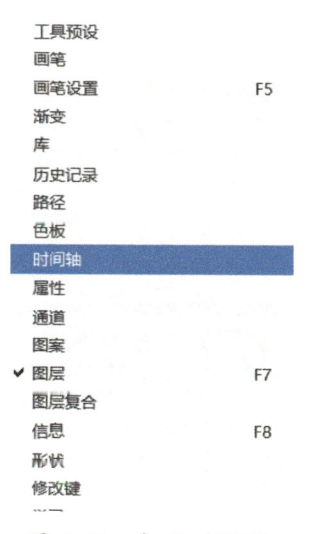

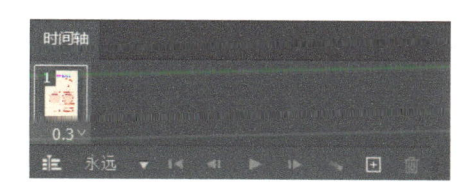

图 6-60 打开时间轴

图 6-61 设置帧动画

（15）制作动态效果。复制帧，单击复制的帧，将图片"2"的不透明度调整为"0"%，进行动画帧过渡，将要添加的帧数设置为"5"，如图 6-62 所示。

（16）调整关键帧。单击第 7 帧，取消隐藏图片"1"，将其不透明度设置为"0"%。再复制第 7 帧，将图片"1"的不透明度修改为"100"%，如图 6-63 所示。

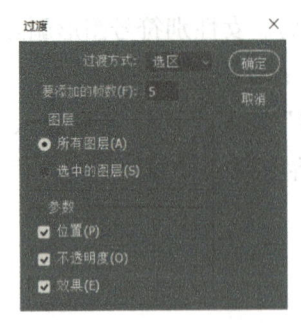

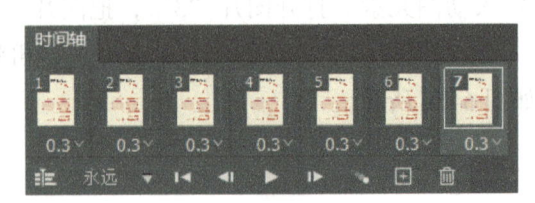

图 6-62　制作动态效果　　　　图 6-63　调整关键帧

（17）添加关键帧。单击第 7 帧和第 8 帧，进行动画帧过渡，将要添加的帧数设置为"5"，如图 6-64 所示。

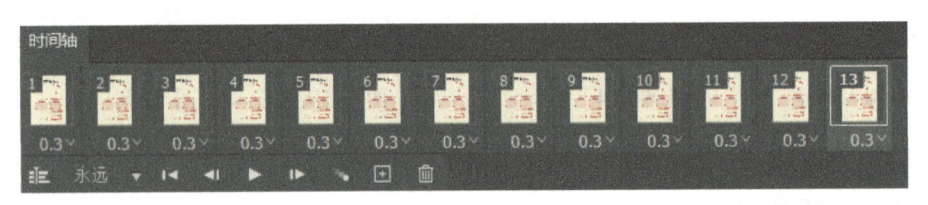

图 6-64　添加关键帧

（18）完成 GIF 海报的制作。作品 2 可参考作品 1 的方法完成，如图 6-65 所示。

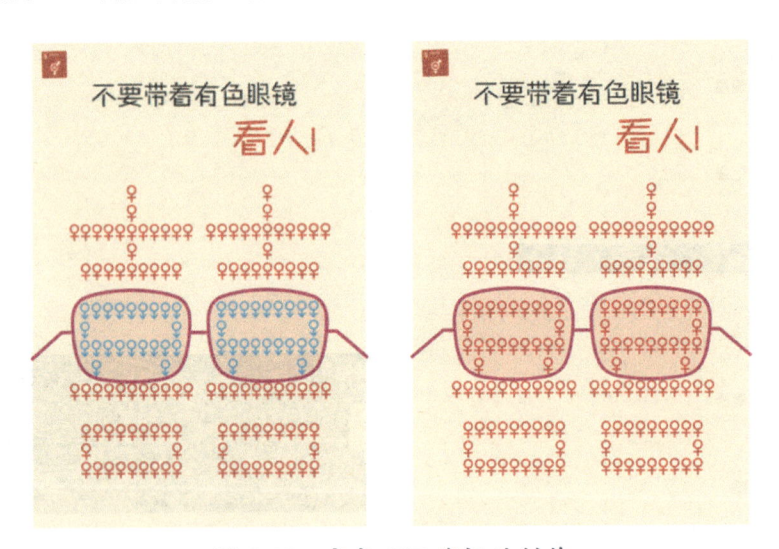

图 6-65　完成 GIF 海报的制作

参考文献

[1] 史晓燕，单春晓. 网络广告设计与制作 [M]. 武汉：华中科技大学出版社，2020.7.
[2] 何洁，叶萍. 网络广告设计与制作 [M]. 上海：上海人民美术出版社，2014.11.
[3] 孙亿文，王焱，傅洁等. 广告创意与策划 [M]. 北京：人民邮电出版社，2019.7.